Edition Maritim

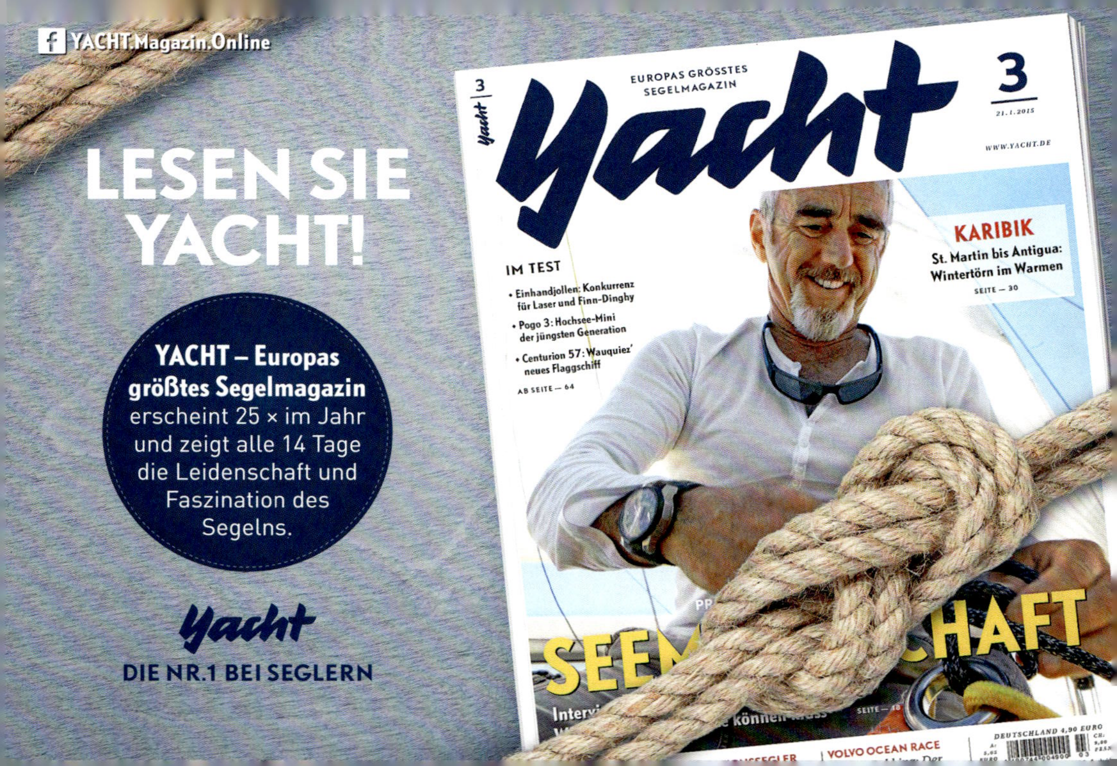
YACHT.Magazin.Online
LESEN SIE YACHT!
YACHT – Europas größtes Segelmagazin erscheint 25 × im Jahr und zeigt alle 14 Tage die Leidenschaft und Faszination des Segelns.
Yacht
DIE NR.1 BEI SEGLERN
EUROPAS GRÖSSTES SEGELMAGAZIN
Yacht
3
21.1.2015
WWW.YACHT.DE
IM TEST
• Einhandjollen: Konkurrenz für Laser und Finn-Dinghy
• Pogo 3: Hochsee-Mini der jüngsten Generation
• Centurion 57: Wauquiez' neues Flaggschiff
AB SEITE — 64
KARIBIK
St. Martin bis Antigua: Wintertörn im Warmen
SEITE — 30
VOLVO OCEAN RACE
DEUTSCHLAND 4,90 EURO

Melanie Haselhorst · Kenneth Dittmann

CHARTERFÜHRER Ostpeloponnes

Saronischer & Argolischer Golf von Athen bis Monemvasia

Edition Maritim

Inhalt

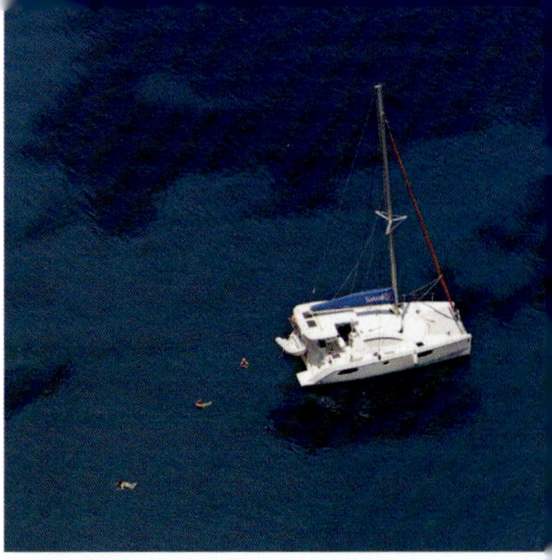

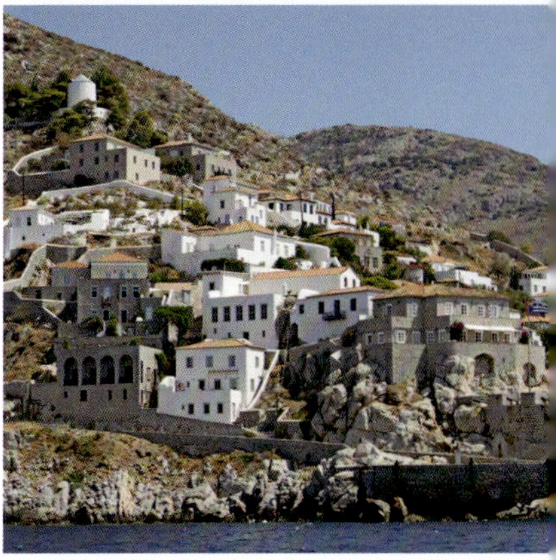

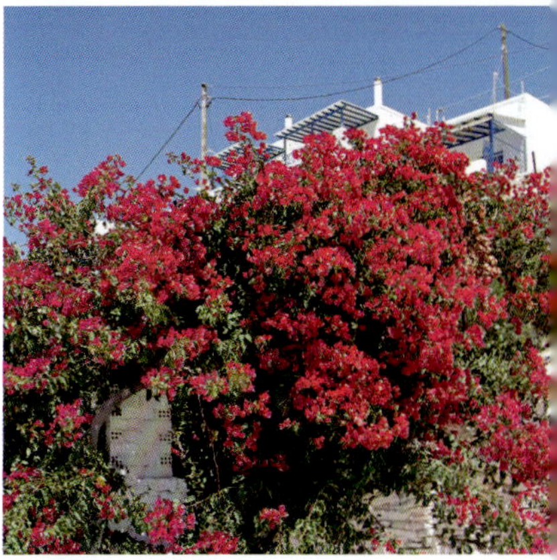

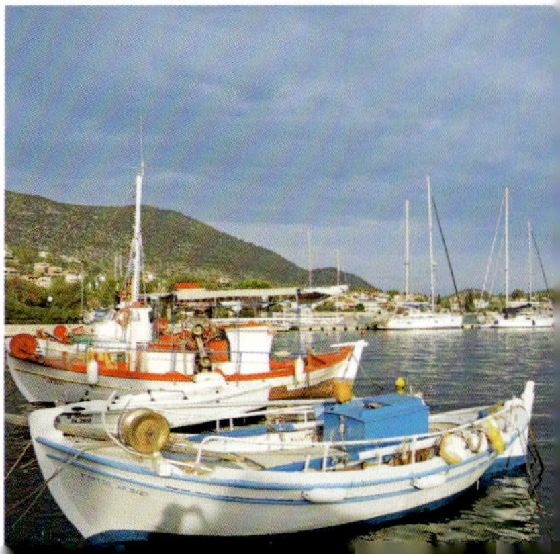

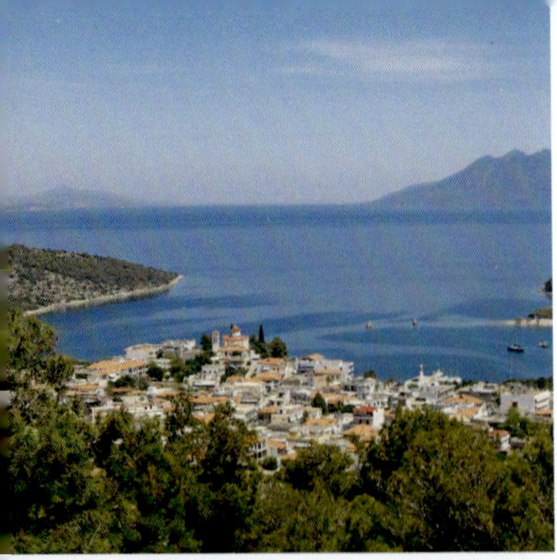
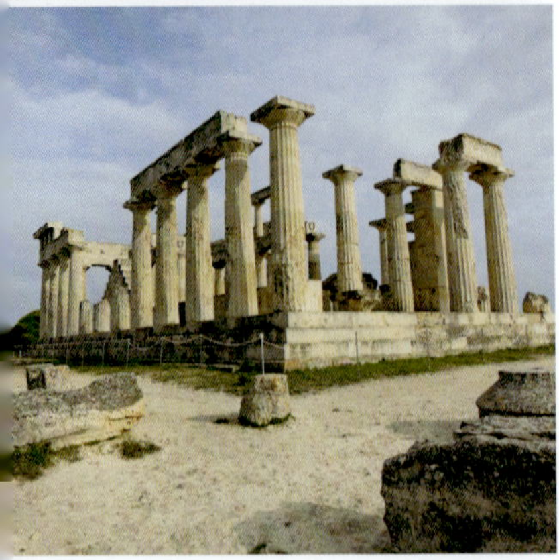
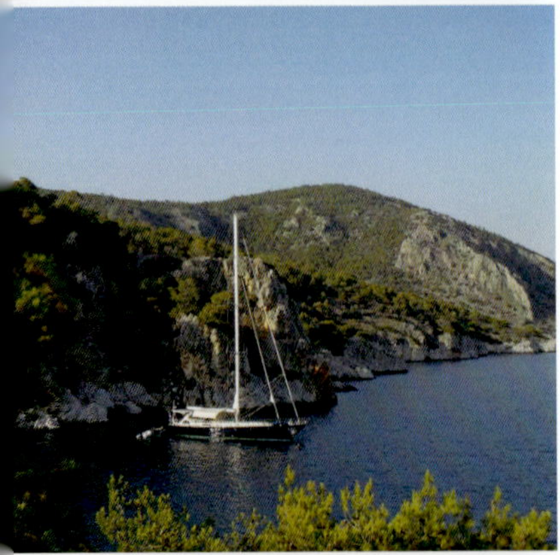
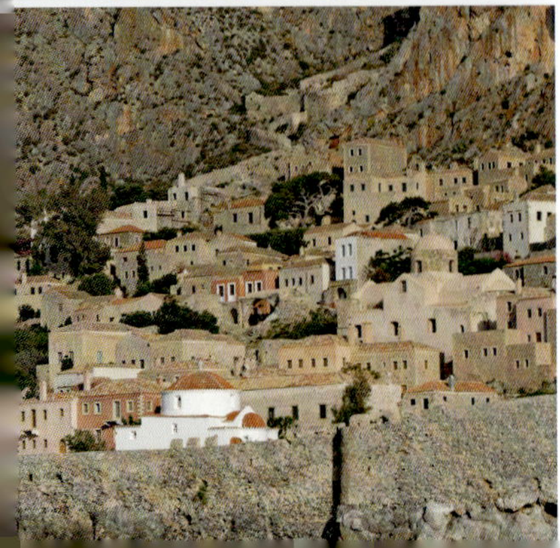

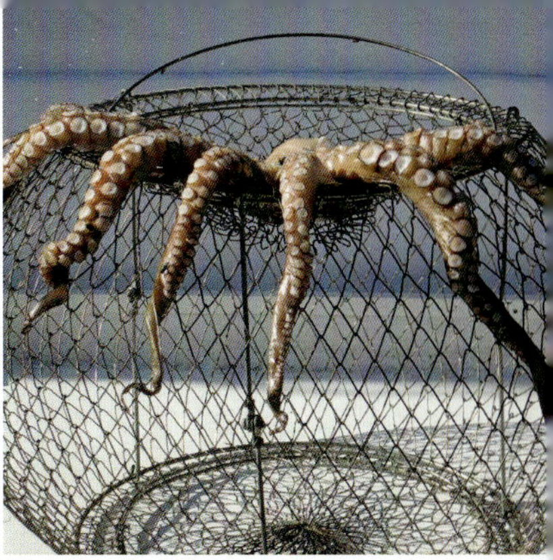

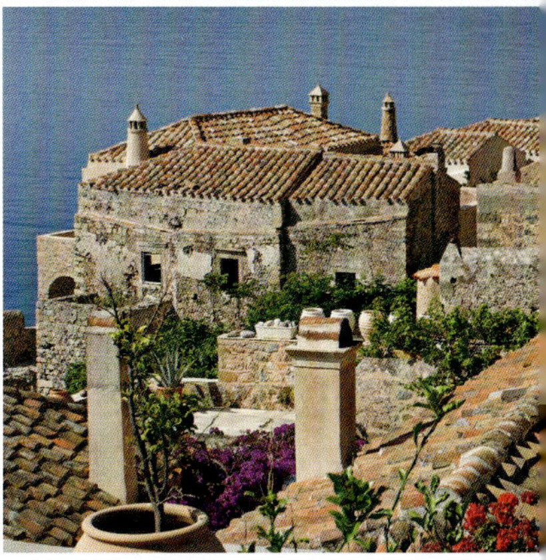

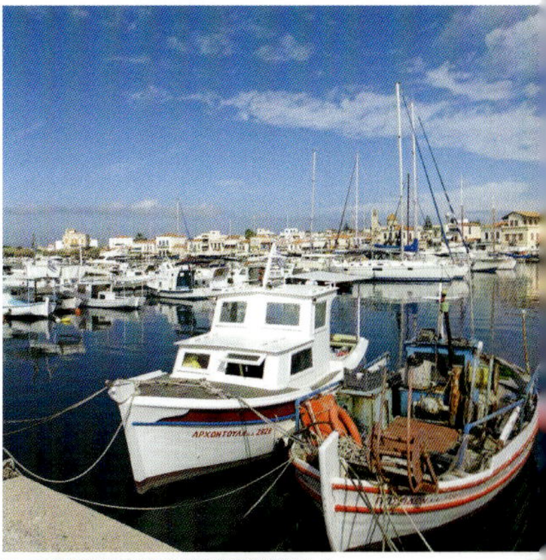

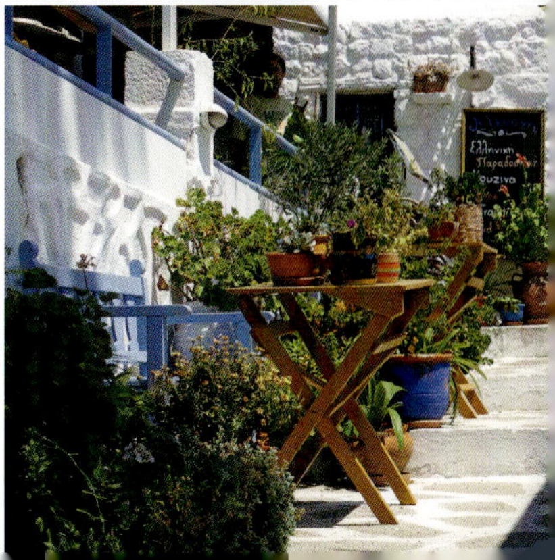

EXKURSE

Willkommen in einem der abwechslungsreichsten Reviere Griechenlands!

Wir leben seit zwölf Jahren für mehrere Monate im Jahr an Bord unserer Segelyacht Dshamilija und segeln durch die reizvolle Inselwelt Griechenlands. So kennen wir das Ionische Meer, die Kykladen, die Sporaden, die Inseln des Dodekanes – jedes Revier hat seinen ganz eigenen Reiz. Der Saronische und Argolische Golf mit seinen unzähligen Inseln und der Ostküste der Peloponnes-Halbinsel ist für uns immer wieder ein Genuss! Aegina, Poros, Hydra und Spetses bilden mit ihren kleinen Nachbarn Angistri und Dokos eine kleine, aber feine Inselgruppe – gerahmt von ursprünglichen Orten und Häfen entlang der Küsten des Ostpeloponnes. Trotz der Nähe zu Athen begeistern saphirblaues Wasser in idyllischen Buchten, kleine Fischerhäfen, saftig grüne Kiefernwälder und Pistazienplantagen ebenso wie geschichtsträchtige Orte mit antiken Sehenswürdigkeiten: Die Vielfältigkeit der Inseln und Orte am Ostpeloponnes lässt jede Crew auf ihre Kosten kommen! Die einen werden von gemäßigten Winden, kurzen Distanzen und herrlichen Buchten angelockt – perfekt geeignet für Familien mit Kindern. Sportliche Crews reizen die langen Schläge bis in den Süden des Reviers oder gar hin zu einer der westlichen Inseln der Kykladen. Vom Buchtenbummeln bis zum sportlichen Segeltörn ist hier alles möglich.

In aller Munde ist immer wieder die Krise Griechenlands. Ein Reiseführer für Segler ist mit Sicherheit nicht der geeignete Platz für komplexe Erklärungen und solide Hintergrundinformationen für die Staats- und Finanzkrise in Griechenland. Deshalb möchten wir auch nur auf die Aspekte eingehen, die letztendlich für Reisende vor Ort wichtig sind.

Dass Griechenland immer noch hoch verschuldet ist und dass die Bevölke-

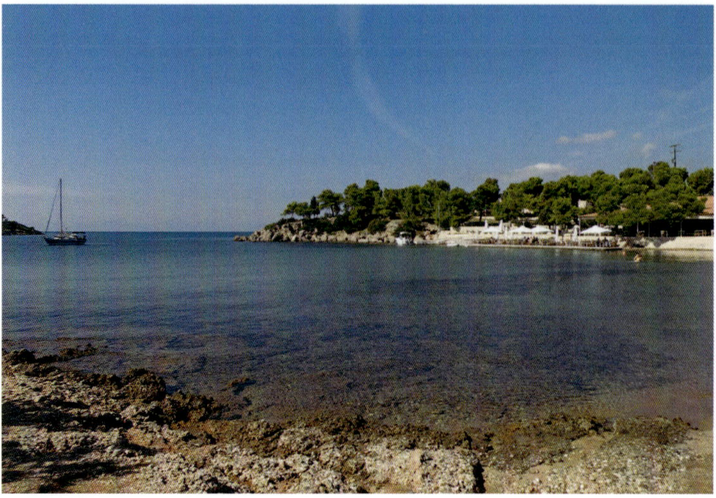

Idyllische Buchten mit klarstem Wasser locken ebenso wie …

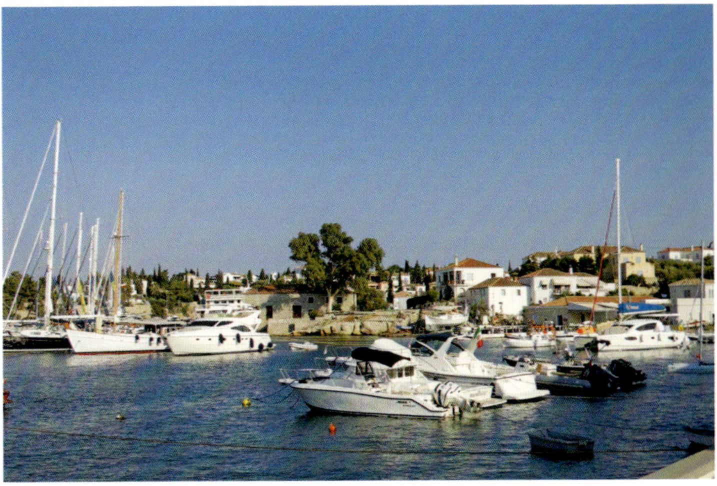

... gemütliche Fischerhäfen, wie hier auf Spetses.

rung mit den Sparmaßnahmen unzufrieden ist, fand in deutschsprachigen Medien enorme Aufmerksamkeit. Diese Unzufriedenheit entlädt sich gelegentlich in Streiks, die meist die großen Städte Athen und Thessaloniki betreffen. Wenn Sie über eine der beiden Städte anreisen, können Sie sich im Vorfeld über angekündigte Streiks auf www.griechenland.diplo.de/streiks informieren, um beispielsweise Störungen im öffentlichen Nahverkehr oder bei den Fährlinien mit einzuplanen.

Viel entspannter sieht die Situation in den ländlichen Regionen des Reviers und auf den Inseln aus. Uns ist es die letzten Jahre nicht einmal passiert, dass wir Einschränkungen in der Versorgung oder beim Service hinnehmen mussten. Sprich: Wir konnten immer und überall Lebensmittel einkaufen und bekamen per Tankwagen Diesel geliefert. Alle Tavernen hatten geöffnet, die Fischer verrichteten ihre Arbeit, Bäcker backten duftend frisches Brot und die kleinen Souvenirläden boten ihre Waren bis spät in die Nacht an. Auch die preiswerten Inselbusse verkehrten ohne Ausnahme. Was nicht heißen soll, dass es völlig unmöglich ist, selbst einmal von einer Protestaktion betroffen zu sein.

Generell gilt: Das Revier ist so schön wie eh und je. Das Meer schimmert auch in der Krise in klarstem Blau, und die Sonne lässt sich erst recht nicht die Laune verderben, sondern scheint täglich vom Himmel. Der griechischen Bevölkerung tun Sie allemal etwas Gutes, wenn Sie sich für einen Urlaub in einer der schönsten Gegenden Europas entscheiden, lebt doch eine Vielzahl der Menschen im Revier vom Tourismus. Geben Sie Ihr Geld dann noch direkt vor Ort beim Besuch der kleinen Familientaverne und im inhabergeführten Mini-Markt aus, bewirken Sie wahrscheinlich mehr, als jeder Rettungsschirm es zu tun vermag.

Kalo Taxidi – Gute Reise – wünschen

Melanie Haselhorst und
Kenneth Dittmann
www.umwege.de

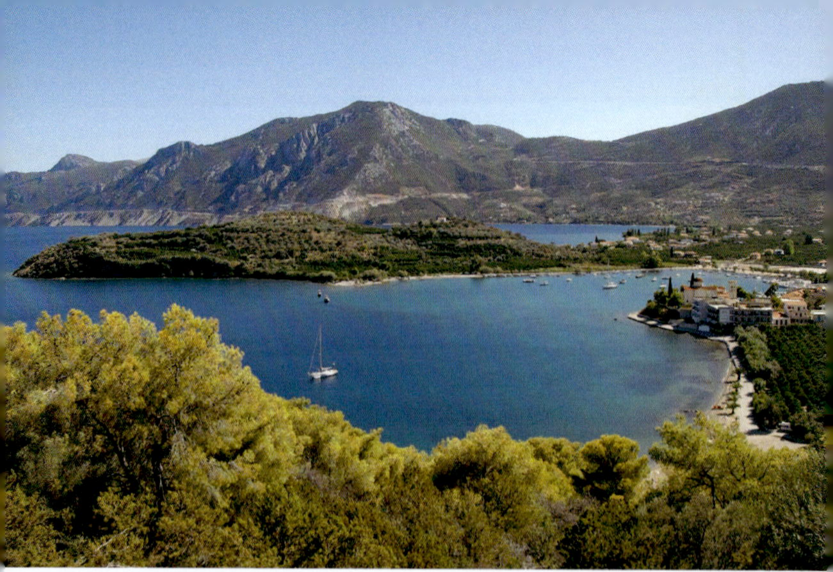

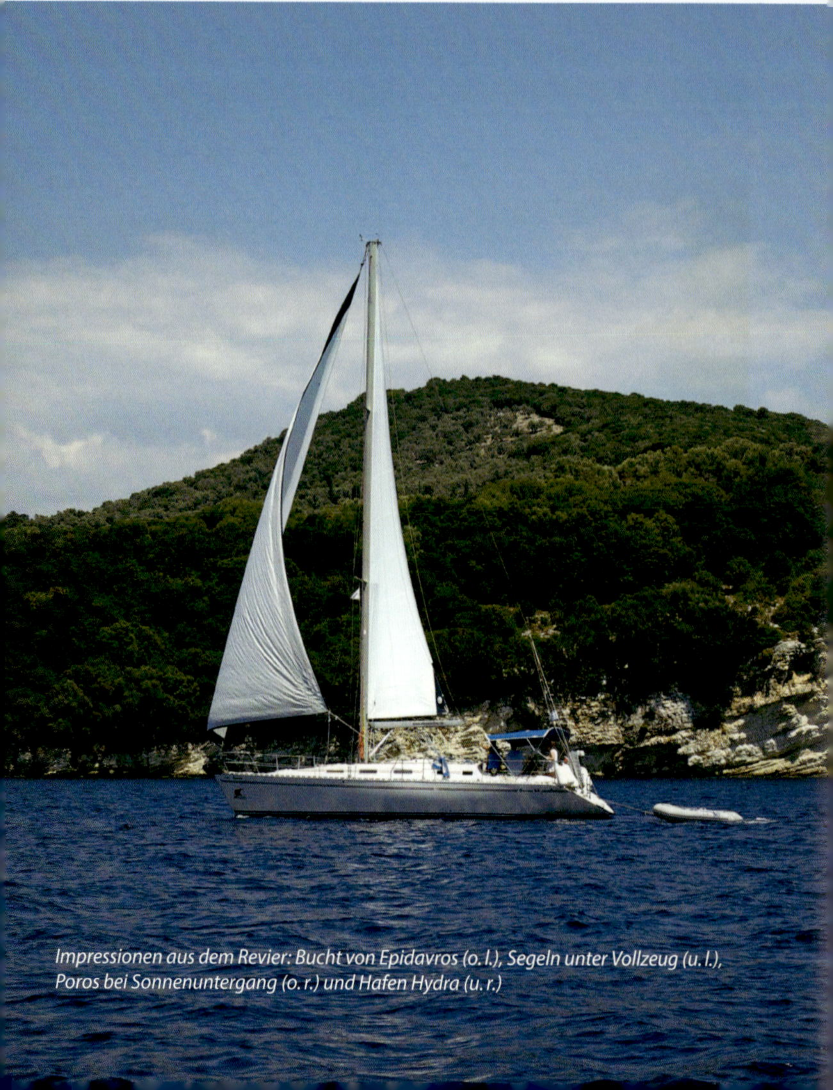

Impressionen aus dem Revier: Bucht von Epidavros (o. l.), Segeln unter Vollzeug (u. l.), Poros bei Sonnenuntergang (o. r.) und Hafen Hydra (u. r.)

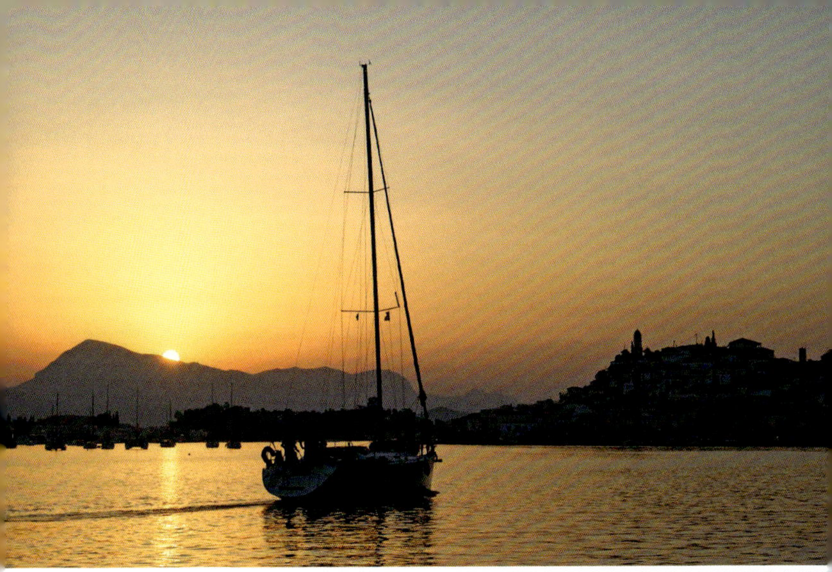

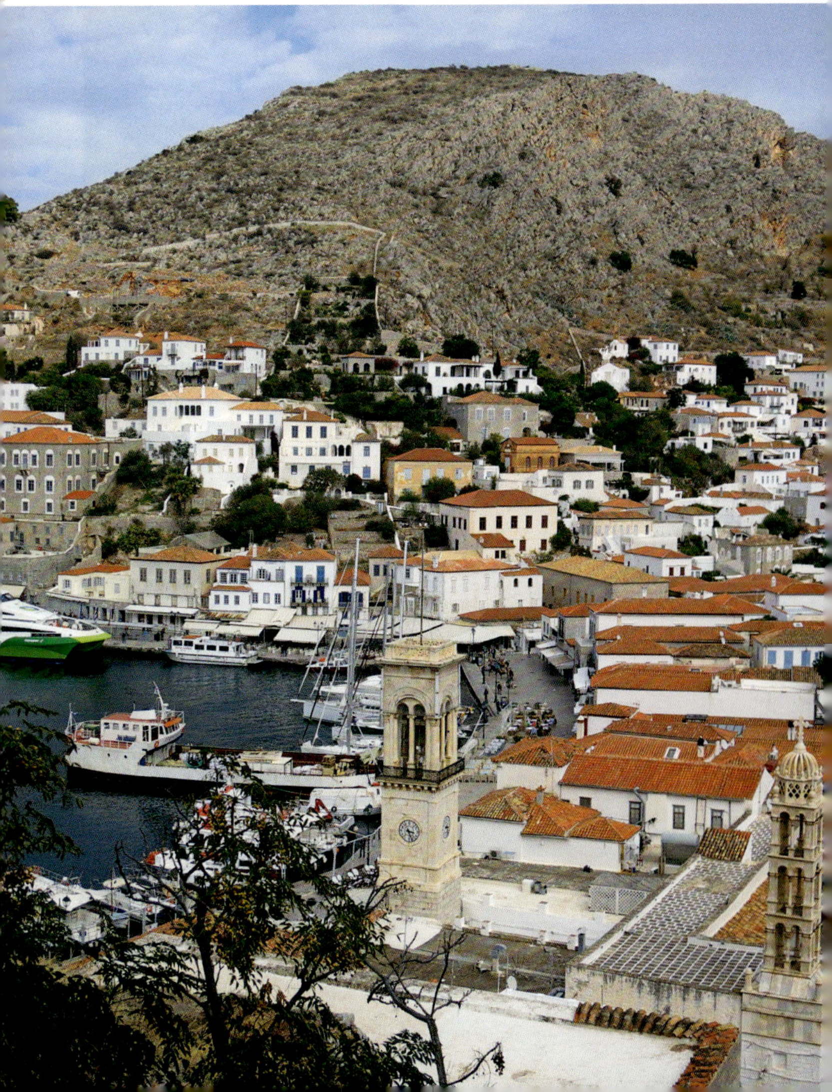

Einführung

Geografisches, Fauna und Flora

Das Revier des Saronischen und Argolischen Golfes liegt südlich der griechischen Hauptstadt Athen und der Attikaküste am westlichen Rand der Ägäis. Es umfasst die Festlandküste des Ostpeloponnes sowie rund 20 klitzekleine bis große Inseln, von denen sieben Eilande bewohnt sind. Sie werden Saronische Inseln, Saronen oder auch – im griechischen Sprachgebrauch – Argosaronische Inseln genannt. Geologisch gehören die nördlichen Saronischen Inseln Salamis, Aegina, Angistri, Methana und Poros zu den Ausläufern des Ägäischen Inselbogens, auf dem heute noch aktive Vulkane liegen, wie etwa der Halbinsel Methana. Auf ihr sind dank vulkanischer Aktivität eine Menge heilender Schwefelbäder entstanden.

Weiter südlich liegen die Inseln Hydra, Dokos und Spetses in Richtung des Argolischen Golfs wie auf einer Perlenkette aufgereiht.

Salamis und Aegina sind mit rund 95 km^2 und 87 km^2 die beiden größten Inseln im Revier. Angistri ist mit 13 km^2 die kleinste bewohnte Insel. Die höchsten Erhebungen weisen Hydra und Aegina auf: Sie erreichen maximale Höhen von 590 m bzw. 530 m und gehören im Vergleich mit anderen griechischen Inseln zu den eher flachen Eilanden.

Eindrucksvoller gestaltet sich da schon die **Ostküste der großen Peloponnes-Halbinsel**: Sie zählt mit 21 500 km^2 Größe als südlichster Teil der Balkanhalbinsel und grenzt im Osten an die Ägäis und im Westen an das Ionische Meer. Mit dem Festland ist sie über eine Landenge von rund 6 km Breite, dem Isthmus von Korinth, verbunden, der 1893 durch den Kanal von Korinth durchbrochen wurde. Geologisch besteht ein Kontrast zwi-

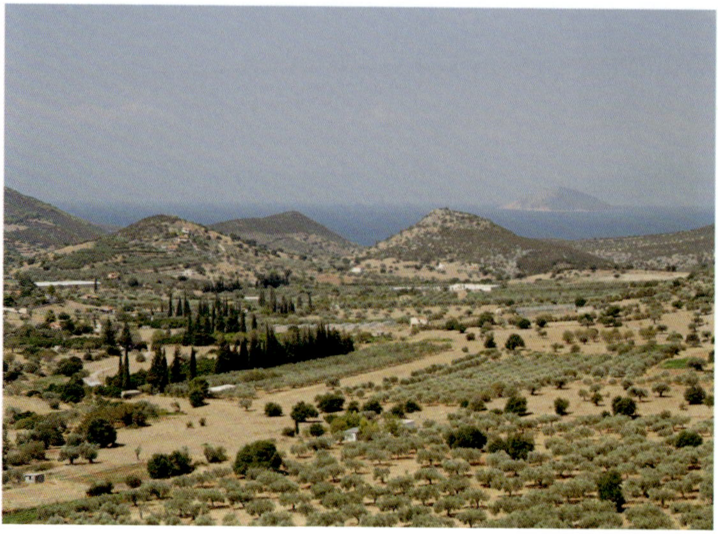

In Küstennähe gedeihen Olivenbäume und Zypressen.

schen rauen Gebirgslandschaften mit Gipfelhöhen bis zu rund 2400 m sowie fruchtbaren, waldreichen Tälern und sanft auslaufenden Küstenstreifen. Der Ostpeloponnes erstreckt sich vom Kanal von Korinth im Norden über Korfos und Epidavros weiter über die östliche Küstenspitze von Ermioni und Porto Cheli nach Nafplion und im Süden bis hin nach Monemvasia.

Das kontrastreiche Revier hat für Freunde von Flora und Fauna einiges zu bieten, auch wenn große Abholzungen zur Holzgewinnung, die bis in die Antike zurückreichen, und Waldbrände die Forstbestände immer mehr ausgedünnt haben. Trotzdem wachsen auf dem Peloponnes neben Aleppokiefern in höheren Regionen auch Kastanien, Eichen und Platanen, während die Dorfplätze oft von Eukalyptusbäumen umsäumt werden. Nah den Küsten gedeihen Olivenbäume, Zitrusfrüchte und duftende Macchia, bestehend aus Zistrose, Ginster, Thymian, Erika und anderen würzigen

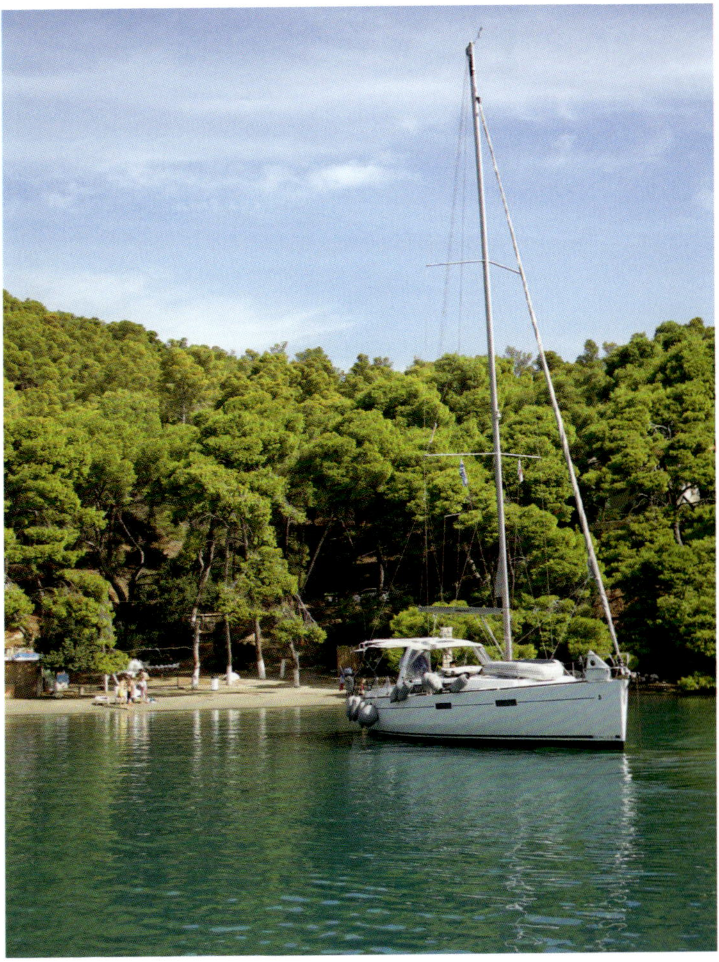

Aleppokiefern und Pinien säumen die Strände und Ufer.

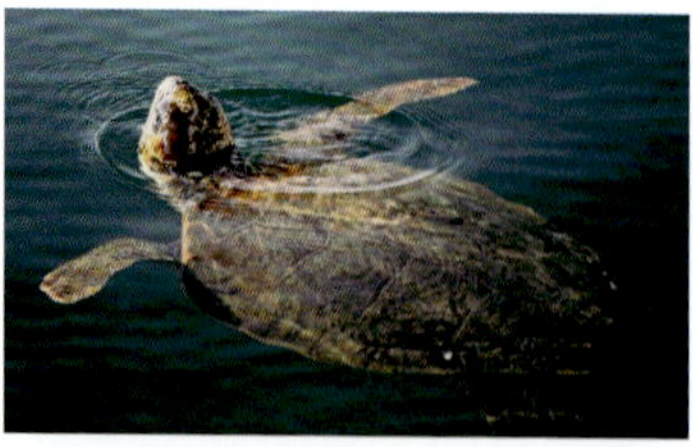

Wer sie zu Gesicht bekommt, hat Glück: Meeresschildkröten gehören zu den bedrohten Arten.

Sträuchern. Kräuter wachsen in Hülle und Fülle und werden von der Bevölkerung oft und gerne gesammelt. Im Frühjahr überzieht ein Meer aus rotem Klatschmohn, weißen Kamillenblüten und blauen Anemonen die sanften Hügellandschaften – ein Genuss für die Sinne. Im Hinterland des Ostpeloponnes sorgen riesige Orangenplantagen zur Blütezeit der immergrünen Bäume für einen köstlichen Duft.

Auch auf den Inseln herrscht – besonders im Vergleich zu den kargen Kykladen – ein relativer Pflanzenreichtum. Typisch für viele der Inseln sind Wälder aus Pinien und Aleppokiefern, deren Duft sich aufs Feinste unter die salzige Meeresluft mischt. Aegina ist überzogen von Pistazienplantagen, dessen würzige Früchte im Sommer auf der ganzen Insel geerntet werden. Hydra hingegen ist karg, besticht aber durch imposante Felsformationen.

Die Tierwelt im Revier zeigt sich überschaubarer, und wild lebende Säuger bekommt der Reisende eher selten zu Gesicht. Dafür fühlen sich in der Region zahlreiche Vogelarten wohl, die im Frühjahr und Herbst auf ihrem Zug nach Norden oder Süden hier rasten. In den Gebirgen des Peloponnes sind Greifvögel wie Schlangenadler und Wespenbussarde heimisch. Typische Reptilien für die Region sind Schildkröten, Schlangen und Eidechsen. Reich bevölkert ist das Revier zudem mit Ziegen und Schafen, deren wohlklingendes Glockengebimmel, begleitet vom Gezirpe der Zikaden, vom Land abends bis in die Ankerbucht herüberschallt. Rund um die Saronischen Inseln tummeln sich zudem viele Fischarten, wobei die Region, wie die gesamte Ägäis, mittlerweile hoffnungslos überfischt ist. Die

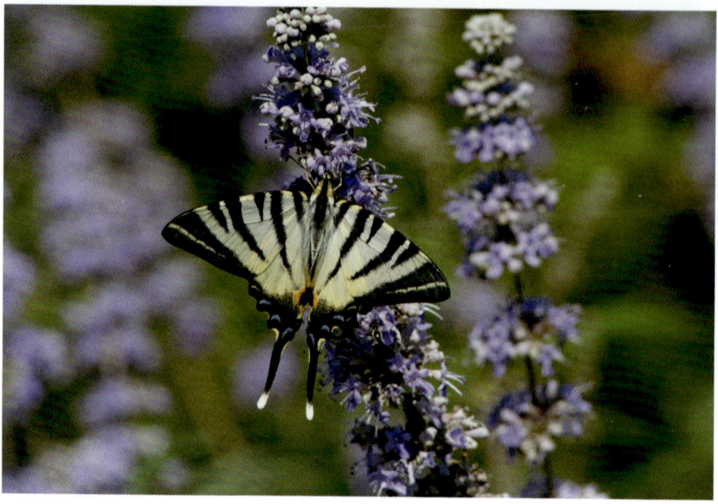

Schmetterlinge gibt es im Frühjahr in Hülle und Fülle.

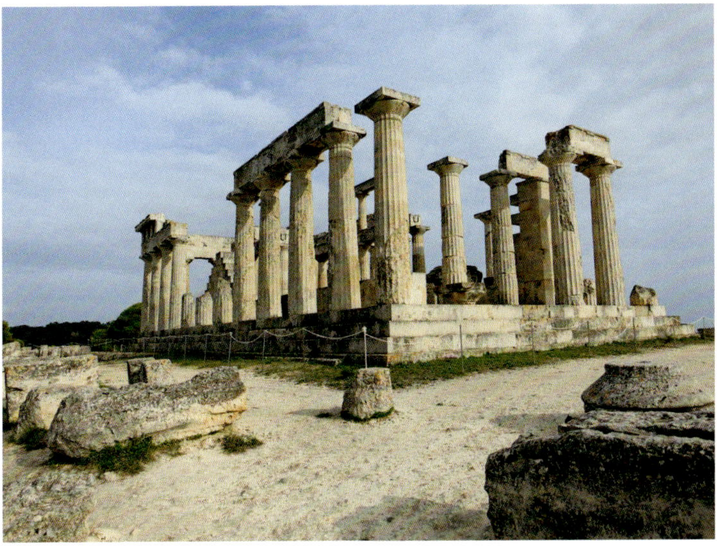

Der Aphaia Tempel auf Äegina

Fischer kehren immer öfter mit leeren Netzen vom Fang zurück, und der Fisch in der Taverne stammt oftmals aus den Reusen der Zuchtanlagen, die sich entlang der Küsten immer weiter ausbreiten. Wer Glück hat, begegnet während seines Törns einer Gruppe Delfine – für uns immer wieder ein Höhepunkt, diese wunderbaren Säugetiere aus nächster Nähe beobachten zu dürfen.

Auf Odysseus Spuren: eine kurze Reise durch Mythologie und Geschichte

Wenige Länder werden so eindeutig mit den Begriffen Geschichte und Mythologie in Verbindung gebracht wie Griechenland. Denn die antiken Hellenen entwickelten nicht nur die Grundgedanken der Demokratie und relevante philosophische Vorstellungen; das Land gilt auch als Ursprung der europäischen Kultur. Hier entstanden zudem die sagenhaften Geschichten über Götter und Helden, die aus der Feder Homers stammen, einer der frühesten und bekanntesten Autoren der Antike. Auch in der Region des östlichen Peloponnes und der Saronischen Inseln spielen einige uralte Mythen, zum Beispiel die Sage des Helden, der von hier auszog, um auf Kreta den Minotaurus zu besiegen. *König Saron*, der bei der Jagd im Meer umkam, gab den Saronischen Inseln ihren Namen. Poros galt als Insel Poseidons – dem Gott des Meeres –, zu dessen Ehren im 7. Jhdt. vor Chr. ein Tempel im Inselinneren errichtet wurde. Auch am Kap Sounion steht ein guterhaltener Tempel zu Ehren des Meeresgottes. Die mythologische *Gestalt des Pelops*, Sohn des sagenhaften Königs Tantalos, war Namensgeber für die Halbinsel Peloponnes.

Eine Reise durch den Saronischen und Argolischen Golf ist immer auch eine Reise durch die Jahrhunderte. Überall sind die Spuren der Antike sichtbar. So laden die Tempelanlagen rund um Athen und auf Aegina sowie antike

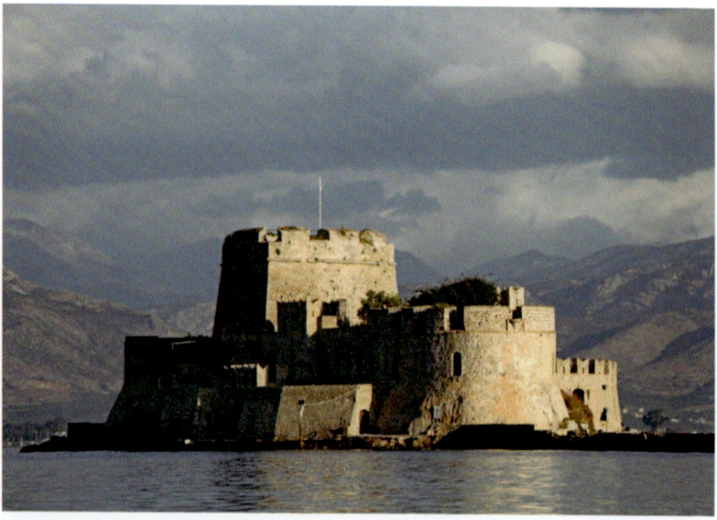

Die Festung Bourtzi gilt als historisches Wahrzeichen von Nafplion.

Stätten, wie das Heiligtum in Epidavros mit seinem imposanten Theater, Geschichtsinteressierte zum Eintauchen in die Vergangenheit ein. Schon früh stellten die Bewohner der Region enge Handelsbeziehungen mit den Völkern des Mittelmeerraums her.

Auf Aegina existierte bereits 3000 v. Chr. ein Hafen, der hauptsächlich dem Handel mit Kreta diente. Auf Kreta entstand in dieser Zeit die Hochkultur der Minoer, die prachtvolle Paläste und moderne Städte errichteten und großen Einfluss in die griechische Inselwelt hatten. 1600 v. Chr. erstarkte die mykenische Kultur, die die Region des Ostpeloponnes zunehmend beeinflusste und gewaltige Festungsanlagen hinterließ, von denen Mykene die bekannteste in der Region ist. Auf die mykenische Kultur folgten die Dorer aus dem Norden, die schnörkellose Bauten und Tempel hinterließen, wie zum Beispiel in Korinth und auf Aegina. Im klassischen Altertum war die Region heiß umkämpft, bis sie im 1. Jh. v. Chr. vom Römischen Reich einverleibt wurde und später an Byzanz fiel. Im 16. Jahrhundert geriet das Gebiet, wie ganz Griechenland, unter osmanische Herrschaft, die bis zur griechischen Unabhängigkeit im 19. Jahrhundert andauerte. Eine bedeutende Rolle im Unabhängigkeitskampf spielte *Laskarina Bouboulina*, die als Kapitänstochter auf den Inseln Hydra und Spetses lebte. Schon früh wurde sie gleich zweifach zur Witwe gemacht – ihre Gatten, beides Kapitäne, starben im Kampf mit Piraten. Die Mutter von sieben Kindern war durch das Erbe ihrer beiden Ehemänner sehr reich und an mehreren spetsiotischen Schiffen beteiligt. In Eigenregie ließ sie mit der Zeit drei eigene Schiffe erbauen, unter denen sich auch das legendäre Kriegsschiff *Agamemnon* befand. Bouboulina wurde Mitglied des Geheimbundes *Filiki Eteria*, in dem sich Griechen auf die Revolution gegen die herrschenden Osmanen vorbereiteten. Sie beschaffte Waffen und Munition, verfrachtete sie mit ihren Schiffen nach Spetses und versteck-

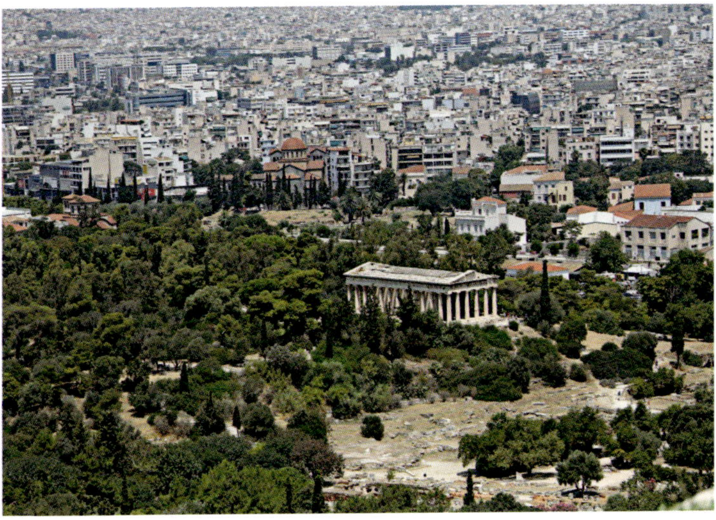

Zeugen von reicher Geschichte: antike Säulen im modernen Athen

te sie dort. 1821 schloss sich Spetses mit Boubolina als Kommandantin von acht Schiffen dem Aufstand gegen die Türken an, einige Tage später folgten die Seestreitkräfte der Inseln Hydra und Psara. Die drei Inseln verfügten über dreihundert Schiffe und spielten eine führende Rolle im Krieg gegen die osmanischen Herrscher. Heute sind zahlreiche Straßen in Griechenland nach Laskarina Bouboulina benannt, und auf ihrer Heimatinsel Spetses wurde ihr zu Ehren ein Museum eingerichtet.

Mit der Gründung des griechischen Staates gehörte die Region ab 1830 zum Königreich Griechenland. König Otto I. benannte in seiner kurzen Regierungszeit Athen zur Kapitale, nachdem die Stadt Aegina auf der gleichnamigen Insel zwei Jahre lang als provisorische Hauptstadt des neuen Staates gedient hatte.

Die Wirren der beiden Weltkriege gingen auch an der Region des Ostpeloponnes nicht spurlos vorbei. Die Besetzung durch deutsche Truppen ab 1941 führte zu erbitterten Widerständen, besonders auf der Peloponnes-Halbinsel, die von den deutschen Invasoren erbarmungslos gerächt wurden: Für einen getöteten deutschen Soldaten mussten 100 Griechen ihr Leben lassen. Über 4000 Männer, Frauen und Kinder fielen den Kommandos der Besatzer in dieser Zeit zum Opfer. Die Bürger aus Athen schickten ihre Kinder zum Schutz auf die weniger umkämpften Inseln Salamis und Aegina.

Nach der Befreiung durch die Alliierten und dem Ende des Zweiten Weltkrieges führten die Konflikte zwischen kommunistischen und konservativen, monarchistischen Kräften in ganz Griechenland zum Bürgerkrieg, der von 1946 bis zum Sieg der Monarchen 1949 andauerte. Als fast 20 Jahre später ein Wahlsieg der Kommunisten drohte, putschte die Armee und übernahm nach dem Staatsstreich für sieben Jahre (1967–1974) die Macht im Land. Die Diktatur brachte Repressionen, Zensur und Folter mit sich.

Unbewohnte und abgeschiedene Inseln wie Makronisos und Gyaros dienten als Verbannungsort, um politisch missliebige Personen zu isolieren. Gleichzeitig investierte die Militärjunta in großem Umfang in die Tourismusindustrie. Im Juli 1974 endete die Diktatur aufgrund des von ihr neu angefachten Zypernkonfliktes. Noch im gleichen Monat wurde Konstantinos Karamelis als Premierminister vereidigt und nachfolgend bei freien Wahlen im Amt bestätigt. Griechenland kehrte in diesem Moment zur Demokratie zurück und ist seitdem parlamentarische Republik. 1981 trat das Land der (damals noch) Europäischen Gemeinschaft bei und führte 2002 den Euro als Währung ein.

Die heutige Situation des Landes sieht aufgrund der enormen Staatsverschuldung und Finanzmisere nicht sehr rosig aus. Anfang 2010 geriet das Land in die schwerste Staatskrise seit Gründung der Republik – ein Ende ist nicht abzusehen. Im Jahr 2017 kam es erneut zu zähen Verhandlungen über Rentenkürzungen und zusätzlichen Einsparungen im Staatshaushalt, um weitere Hilfszahlungen der Europäischen Union zu erhalten. Ein Hoffnungsschimmer sind und bleiben die Besucherzahlen von Touristen im Land, die seit Jahren stetig steigen.

»KALIMERA, KALISPERA, KALINICHTA« – EIN KLEINER SPRACHFÜHRER

Neugriechisch gilt, nicht ganz zu Unrecht, als sehr schwere Sprache. Trotzdem ist es schön, wenn man einige Worte in der Landessprache beherrscht – und sei es nur zur Begrüßung. Weil das griechische Alphabet gänzlich anders aussieht als das unsere, ist dieser kleine Sprachführer für Sie in lateinischen Schriftzeichen und vereinfachter Lautschrift angelegt. Aber keine Angst: In diesem Revier kommt man auch gut mit Englisch zurecht, an manchen Orten wird sogar Deutsch gesprochen.

Deutsch	Griechisch
Guten Morgen	Kalimera
Guten Abend	Kalispera
Gute Nacht	Kalinichta
Hallo!/Grüß dich!/Tschüss!	Yassu
Hallo ihr/Sie	Yassas
ja	nä
nein	ochi
Entschuldigung	signomi
danke	efkaristo poli
bitte	parakalo
Prost!	jammas!
Wie geht es euch?	ti kanete?
Wie geht es dir?	ti kanis?
gut, und dir?	kala, essi?
sehr gut	poli kala
schlecht	kakos
Ich möchte …	thelo …
heute	simera
morgen	awrio
Wie viel kostet es?	posso kostisi?
Die Rechnung, bitte	to logarjasmo, parakalo
Wo ist	pu ine
Bank	trapesa
Apotheke	farmakio
Arzt	Jatros
Polizei	astinomia
Strand	paralia
Dorf	Chora
Bucht	Ormos
Insel	Nisis
Burg	Kastro
Hafen	limani
Segelboot	to istioforo
Ich suche	psachno
Trinkwasser	to posimo nero
Dusche	to dus
langsam (keine Eile)	cigar cigar

Reiseinformationen

Der Saronische und Argolische Golf und die Ostküste des Peloponnes als Segelrevier

Das Revier bietet mit seinen Festlandhäfen entlang des östlichen Peloponnes und den Inseln ein entspanntes Segelgebiet mit stimmungsvollen Hafenorten und glasklarem Wasser in zig traumhaften Buchten. Aus touristischer Sicht ist die Region für alle interessant, die sich auf die Spuren der griechischen Geschichte begeben wollen und in kleinen Hafenstädtchen in das griechische Alltagsleben eintauchen möchten. Denn in der Region sucht man vergeblich, Athen einmal ausgenommen, die Hochburgen des internationalen Massentourismus. Die Inseln erreicht der Reisende nur per Fähre, weshalb sie eher von Individualreisenden, Seglern und griechischen Urlaubern aus der Hauptstadt besucht werden. Dementsprechend authentisch wirkt das Leben der Insulaner noch heute, wenn auch der Tourismus auf vielen Inseln zur wichtigsten Einkommensquelle geworden ist. Die Insel **Salamis** spielt durch ihre deutliche Nähe zu den Industrieanlagen des Hafens von Piräus aus touristischer Sicht keine große Rolle. Die meisten Yachten laufen ihre Buchten im Südwesten oder den Hafen nur im Notfall auf dem Weg zurück zur Hauptstadt an. Alle anderen Inseln und Küstenorte am Peloponnes sind aber einen Besuch wert und haben ihren ganz eigenen Reiz:

Aegina liegt nur eine Bootsstunde von der griechischen Kapitale entfernt und ist deshalb der liebste Rückzugsort der Athener. Sie ist die Insel der Pistazien, jeden Sommer werden hier Tonnen der pikanten Steinfrüchte geerntet und frisch verpackt in den Gassen der Hauptstadt verkauft. Hier herrscht ein ganz besonderer Charme, den auch Segler zu schätzen wissen.

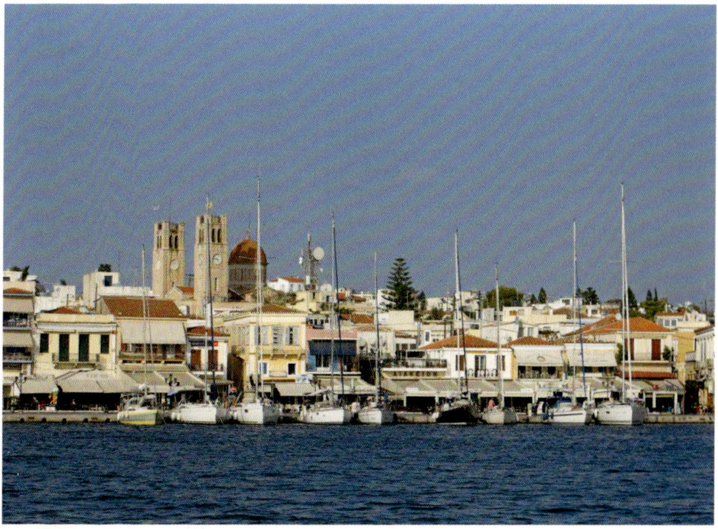

Der hübsche Hafen Aegina: nur eine Stunde von Athen entfernt

Abends wird es gemütlich im pulsierenden Haupthafen der Insel mit seinen pastellfarbenen Häusern, Cafés und Tavernen. Neben ihrem Ruf als Pistazieninsel ist sie vor allem bekannt für ihren Aphaia-Tempel und das Kloster Sankt Nektarius.

Auf der kleinen Schwesterninsel **Anginstri** geht es deutlich beschaulicher zu – Segler finden hier aber einen kleinen Hafen und abgeschiedene Ankerplätze über klarstem Wasser.

Methana gilt geologisch als aktives Vulkangebiet und hat über Jahrtausende ihre rund 30 Lavadome gebildet. In der Mitte der Halbinsel können Sie die großen und mittlerweile bewachsenen Krater bestaunen. Bezaubernd und beliebt bei Seglern ist das Hafenidyll von Vathy im Südwesten der Halbinsel.

Richtig lebendig wird es dann auf **Poros,** lieblich mit Pinien bewachsen und mit einem der schönsten Naturhäfen im Revier beschenkt. Die romantische Altstadt mit ihren ziegelgedeckten Dächern zieht sich idyllisch die kleinen Hügel hinauf, oben thront ein Uhrturm und sorgt dafür, dass die Crew nicht die Zeit vergisst, wenn man beispielsweise stundenlang durch die gepflegten Gassen wandelt und sich von Café zu Café treiben lässt. Zu Speis und Trank laden abends die urigen Fischtavernen, die einen genießerischen Blick auf die sanft schaukelnden Yachten freigeben.

Hydra trägt auch den Beinamen: Insel der Reeder. Im 18. Jahrhundert beherbergte die Insel eine riesige Handelsflotte und verfügte über eine militärisch-politische Dominanz, die ihresgleichen suchte. Heute leben die Bewohner des einst kosmopolitischen Eilandes vom Tourismus und Fischfang – auch viele Künstler zieht es in das ausgesprochen hübsche Städtchen. Hydra ist gänzlich auto- und mopedfrei – die einzigen Transportmittel sind die Esel, mit denen sowohl Menschen als auch alle Güter transportiert werden. Bei Seglern ist Hydra sehr beliebt, und daher am frühen Abend nur in zweiter oder dritter Reihe ein Platz im hübschen Inselhafen zu ergattern. Das unbewohnte **Dokos** nebenan bietet Ruhe pur in beeindruckender Umgebung. Vielfarbig leuchten die schroffen Felsen im warmen Abendlicht, am Strand zirpen die Grillen – ansonsten ist kein Laut zu hören.

Weniger schroff zeigt sich **Spetses** – ein Traum von Insel! Dichte Pinienwälder, sanfte Hügelketten und verträumte Ankerbuchten prägen das Inselbild. Ein malerischer, fjordähnlicher Inselhafen lässt das Seglerherz aufgehen. Der Landgang sorgt für Entschleunigung: Die Haupttransportmittel auf dieser ursprünglichen Insel sind wie seit jeher Boot, Esel, Pferdekutsche oder Roller – Autos sind verboten. Die gepflegten neoklassizistischen Kapitänsvillen, das Kloster Agios Nikolaos und das Bouboulina-Museum lassen sich aber auch bei einem gemütlichen Spaziergang erkunden.

Und auch die **Küsten der Peloponnes-Halbinsel** locken mit zahlreichen, für Segler interessanten Plätzen, gekrönt von kulturellen Highlights: vom antiken Theater Epidavros mit seinen 14 000 Sitzplätzen und einer einzigartigen Akustik, das per Bus vom Hafenstädchen **Palaia Epidavros** besucht werden kann, über die Hafenorte **Ermioni** und **Porto Cheli** bis in die Hafenstadt **Nafplion** mit ihren blumengeschmückten Gassen und der imposanten Palamidi-Festung. An den Küsten des Ostpeloponnes finden sich auf kleinstem Raum eine große

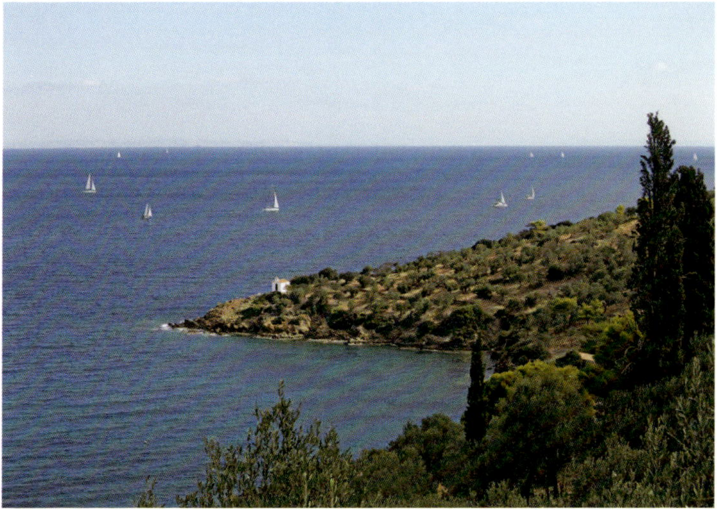

Herrliches Segeln am Ostpeloponnes

Auswahl an Sehenswürdigkeiten, gesäumt von einsamen Buchten und gemütlichen Fischerorten. Der Höhepunkt eines zweiwöchigen Törns ist mit der mittelalterlichen Felsenstadt **Monemvasia** am südlichen Zipfel der Peloponnes-Halbinsel erreicht.

Das ganze Revier gehört mit seinen geringen Distanzen zwischen den einzelnen Stopps zu den beliebtesten Segelrevieren in Griechenland und ist auch für Anfänger geeignet. Die Vorteile liegen auf der Hand: eine kurze, einfache und bequeme Anreise vom Flughafen direkt zur Charterbasis, ein geschütztes Seegebiet, das gerne 1–2 Beaufort Wind weniger aufweist als die offene Ägäis, und ein herrliches Seerevier entlang der Küste des Festlandes und des Peloponnes mit geschützten Inselwelten und unzähligen antiken Sehenswürdigkeiten.

Im Buch beschreiben wir in drei Kapiteln die Highlights auf den Routen durch den Saronischen sowie den Argolischen Golf und entlang der Ostküste des Peloponnes, die natürlich – je nach Wettervorhersage, Crewwünschen und Laune – auch miteinander kombiniert werden können. Beachten Sie aber: Es gibt nicht den perfekten Routenvorschlag, zu viele Faktoren spielen für die Auswahl der Routen eine Rolle. Betrachten Sie die beschriebenen Möglichkeiten deshalb lediglich als Vorschläge und entscheiden Sie als Crew, welche Route Sie segeln wollen.

Generell gilt: Legen Sie möglichst die Hälfte der Strecke im ersten Drittel des Törns zurück und lassen Sie sich für den Rückweg zwei Drittel der Zeit. So wird der Törn beim Aufkreuzen in Richtung Nord nach Athen oder gar Lavrion am Ende des Urlaubs nicht zu einem stressigen Husarenritt. Familien mit Kindern empfehlen wir, sich eher einen kleineren Teil des Reviers für den Törn auszusuchen, zum Beispiel das Mikrorevier zwischen den Inseln Aegina, Angistri und Methana sowie den Festlandorten Korfos und Palaeia Epidavros (siehe auch Segeln mit Kindern auf S. 28).

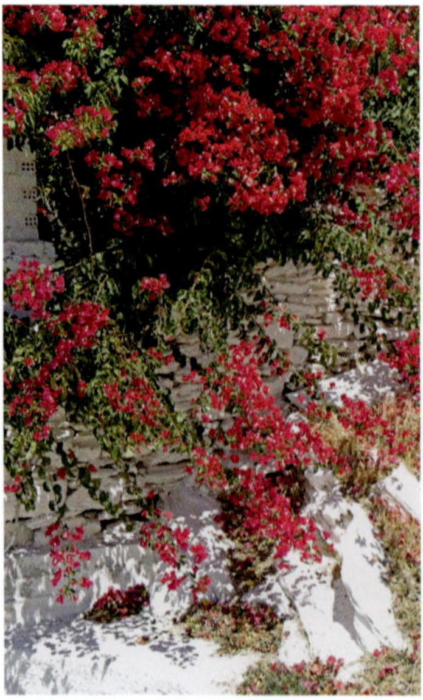

Bougainvillea blühen das ganze Jahr.

Beste Reisezeit und Törndauer

Die Segelsaison beginnt im April und endet im späten Oktober. Unsere klaren Favoriten für einen Segeltörn sind die Monate Mai und Juni sowie September und Oktober! Während die Inseln im Mai von gelben, roten und violetten Blüten überzogen sind, reizen der September und Oktober mit nicht zu heißen Temperaturen und angenehm warmem Badewasser.

Wer einsame Buchten, leere Häfen und ruhige Fischerorte sucht, findet sie eher in der Nebensaison als im August. Weil es so viele Möglichkeiten in Griechenland gibt, ist das Revier jedoch bis heute nicht allzu überlaufen. Ausgenommen sind die Orte in erreichbarer Distanz zu Athen rund um die Wechseltage und die Wochenenden im Hochsommer: Dann kann es vorkommen, dass in beliebten Häfen alle Plätze vergeben sind. Im Hochsommer sollten Sie sich daher am besten darauf einstellen, notfalls auf Ankerplätze auszuweichen. Aber auch in der Nebensaison gibt es Orte, wie die beliebten Häfen von Hydra und Spetses, in denen sich ab nachmittags nur noch schwer ein Plätzchen finden lässt.

Zur Dauer Ihres Törns: Das Revier eignet sich gut für einen einwöchigen Törn, da die Distanzen zwischen den Zielen recht kurz sind. Selbstverständlich kann man in diesen sieben Tagen nicht alle Inseln und Orte besuchen, sondern sucht sich, je nach Startpunkt und Windverhältnissen, einige Wunschziele aus. Für eine ganz entspannte Runde durchs Revier empfiehlt sich ein Törn von zehn Tagen, und richtig gemütlich wird es, wenn 14 Tage Zeit zur Verfügung stehen. Hier ergibt sich auch die Möglichkeit für einen Abstecher bis nach Monemvasia und zu entlegenen Inseln wie Elafonissos und Kythira; oder Sie erkunden einfach das Revier und unternehmen viele Landausflüge sowie Exkursionen ins Hinterland.

Anreise

Athen ist mit seinen guten Flugverbindungen das Tor zum Charterurlaub in Griechenland. Die Kapitale wird von Deutschland, Österreich und der Schweiz aus ganzjährig angeflogen. Per Taxi gelangt der Reisende bequem zur Kalamaki- und Zea-Marina oder nach Lavrion, per Bus und Schnellfähre in kurzer Zeit nach Aegina und Poros. Direktflüge nach **Athen** bieten beispielsweise Lufthansa, Germania, Easyjet, KLM, Swiss Air und Aegean Airlines an. Der Flughafen Athen liegt etwa 40 km von Lavrion und 45 km von den Athener Marinas Alimos und Zea entfernt. Vom Flughafen fahren Taxis für rund 40 Euro zu den Athener Marinas, eine Alternative ist die Bus-

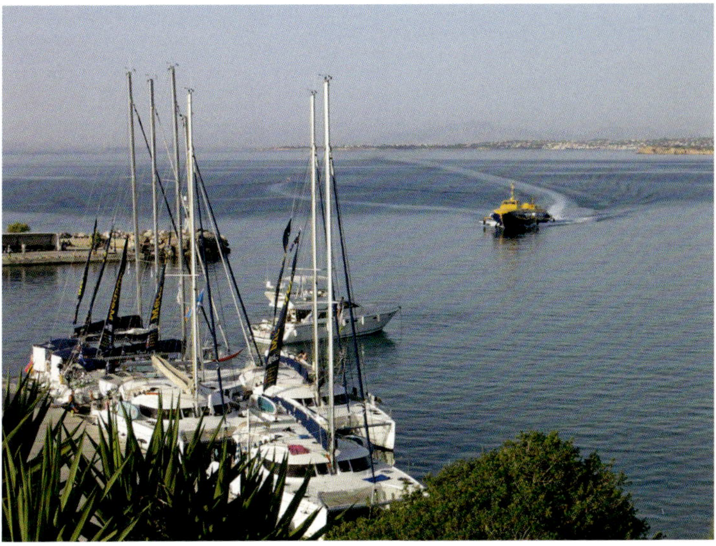

Schnelle Fähren verbinden Athen mit den Inseln.

verbindung X96, die vom Flughafen für sechs Euro nach Piräus führt und an der Alimos Marina hält (Haltestelle 1η Kalamikioy). Die nächste Station zur Zea-Marina heißt YPOYRGEIO, liegt aber einige hundert Meter nördlich von der Marina. Bei mehreren Reisenden lohnt sich zu den Athener Marinas ein Taxi, gleiches gilt für die Fahrt zum Hafen Lavrion, auch wenn hier ein Überlandbus vom Flughafen (Haltestelle zwischen Ausgang und Flughafenhotel Sofitel) den Hafen Lavrion ansteuert.

Wer seinen Törn auf **Poros** oder **Aegina** beginnt, fliegt ebenfalls bis Athen. Um einen Anschluss auf die Insel zu garantieren, ist die beste Ankunftszeit bis maximal 15 Uhr. Vom Flughafen fährt dann der Bus X96 in etwas über einer Stunde zum Fährhafen Piräus. Von dort legen die Fähren auf die Inseln ab, die bis Aegina rund eine Stunde Fahrzeit und nach Poros eineinhalb bis zwei Stunden benötigen. Einige Schnellfähren schaffen es sogar noch etwas flotter (Fahrpläne und Informationen über www.goferry.gr).

Die meisten Charterkunden fliegen nach Griechenland oder nehmen das eigene Auto und schippern per Italienfähre von Venedig oder Ancona nach Patras, von wo aus es noch knapp 215 km bis nach Athen sind. Letzteres lohnt sich allerdings nur bei einem mehrwöchigen Aufenthalt in Griechenland oder einer Kombination von Segeltörn und Rundreise durch das Land.

Kofferpacken – was kommt in die Reisetasche?

Für einen Hartschalenkoffer ist bekanntlich nur wenig Platz an Bord. Eine große Reisetasche erfüllt ihren Zweck aber ebenso gut und kann in den meist engen Kabinen besser verstaut werden. In besagte Tasche sollte Folgendes gehören: Leichte und bequeme Kleidung, ergänzt durch Segel- oder Windjacke und warmen Pullover, denn abends oder bei star-

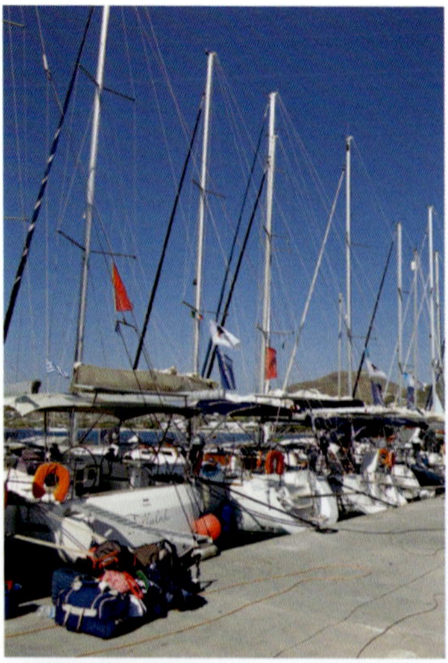

Je kleiner das Gepäck, desto leichter die Reise!

ken Winden kann es kühl werden. Badesachen sind obligatorisch, Badeschuhe sehr zu empfehlen: Die sehen zwar nicht schick aus, sind aber ungemein nützlich gegen schmerzende Seeigelstacheln. Eine hochwertige Sonnencreme ist ebenso unverzichtbar wie eine gute Sonnenbrille, Kopfbedeckung und ein Mückenspray. Da das Revier auch ein hervorragendes Wandergebiet darstellt, darf auch ein festes Paar Schuhe im Gepäck nicht fehlen. Eine Taschenlampe erweist kostbare Dienste, kehrt man nach der Wanderung noch in einer gemütlichen Taverne ein und muss den Weg zum Schiff im Dunkeln zurücklaufen.

Chartern

Zahlreiche kleine und große Charterfirmen bieten Segelyachten und Katamarane sowie Charter mit Skipper und Flottillensegeln an. Klassischer Startpunkt für einen Chartertörn durch die Saronische Inselwelt und entlang des Ost-Peloponnes sind Athens Charterstationen. Auch in den Inselorten auf **Poros** und **Aegina** sowie in **Lavrion** stehen Yachten für einen Törn in diesem beliebten Revier bereit:

Athen: Zea Marina oder Alimos Marina (auch Kalamaki genannt). Besonders in der Alimos Marina gibt es ein riesiges Yachtangebot aller größeren Charterfirmen, in der Zea Marina liegen die Yachten von Sunsail und The Moorings.

Insel Poros und **Insel Aegina:** Hier finden sich Yachten kleinerer einheimischer Charterfirmen wie Greeks Sails (Poros) oder der Aegean Sailing School (Aegina).

Hafen Lavrion: Neben der Alimos Marina und der Zea-Marina in Athen kommt Lavrion als Startpunkt infrage, ist aber eher als Ausgangsort für einen Törn zu den Kykladeninseln Kea oder Kythnos beliebt als zu den Inseln des Saronischen Golfes.

Jeder Startpunkt hat seine Vor- und Nachteile: Während die Basen in Athen und auch Lavrion vom Flughafen gut mit dem Taxi oder Bus zu erreichen sind, muss die Crew erst einige Meilen ins eigentliche Revier zurücklegen, was besonders auf dem Rückweg in Richtung Norden etwas mühsam werden kann. Dafür hat man in Athen oder Lavrion das größte Angebot an Yachten. Poros und Aegina liegen ideal inmitten des Reviers, die Anreise dauert aber je nach Fährverbindung ab Athen etwas länger. Dafür kommt man gleich in Urlaubsstimmung und entgeht dem Trubel der Großstadt.

Charterunternehmen und Agenturen

Im Folgenden finden Sie eine Liste möglicher Charterfirmen und Agen-

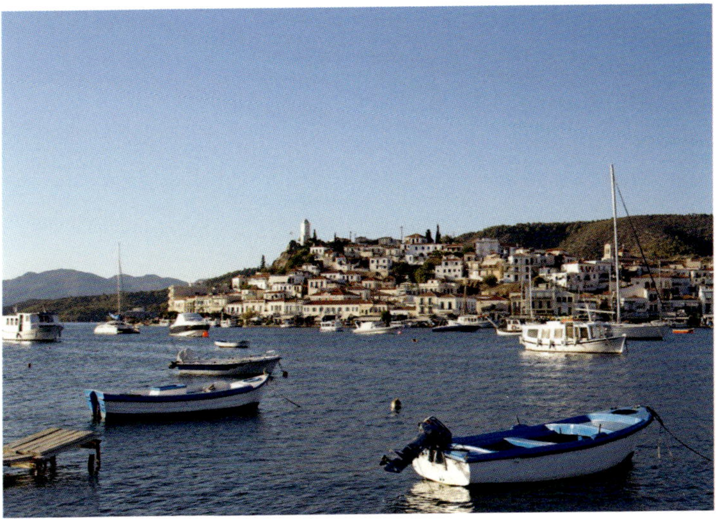

Chartert man auf Poros, fängt der Urlaub gleich richtig an.

turen. Für die Qualität der einzelnen Anbieter können wir als Autoren natürlich keine Garantie übernehmen. Hören Sie sich deshalb vor Ihrer Buchung auch in Ihrem Bekanntenkreis um, die vielleicht schon mit dem ein oder anderen Unternehmen gute Erfahrungen gemacht haben. Generelle Infos und Listen der Charteranbieter erhalten Interessierte vorab bei folgenden Stellen:

- VDC – Vereinigung deutscher Charterunternehmen (www.vdc.de)
- AKC Arbeitskreis Charterboot (www.charterboot.net)
- Kreuzerabteilung des Deutschen Seglerverbandes (www.kreuzer-abteilung.org)
- ADAC (www.adac.de)

Für Crews ohne große Erfahrung unter Segeln kommt das Chartern eines Schiffes mit Skipper gerade richtig. So kann man einerseits Erfahrungen und Meilen sammeln, andererseits bleibt das Ganze entspannt, da ein erfahrener Skipper an Bord die Hauptverantwortung trägt. Zahlreiche Anbieter ermöglichen zudem einen Mitsegeltörn. Eine kleine Auswahl von Agenturen und Charterfirmen:

- **Aegean Sailing School**
Kleine Segelschule der RYA (Royal Yachting Association) auf der Insel Aegina, die auch einige Yachten (Bavaria) ab Aegina verchartert oder Yachten mit Skipper anbietet.
Adresse und Kontakt: The Sailing Centre, 8 Martyros Leontiou Street, Aegina 18010, Greece, Tel. +30-22970-25852, www.aegeansailingschool.com

- **Argos Yachtcharter & Touristik GmbH**
Agentur für diverse Yachtanbieter in Athen und Lavrion, auch Mitsegeltörns
Tel. +49-611-66051
www.argos-yachtcharter.de

- **Athenian Yachts Enterprises S.A.**
Charterunternehmen mit Basis in der Alimos Marina Athen und Paros
Tel. +30-210-9811820 oder 9849620
www.athenian-yachts.gr

- **Fyly Yachting And Travel LTD**
Charterunternehmen mit Basis in der Alimos Marina Athen
Tel.: +30-210-9858670
www.fyly.gr

- **Greek Sails Limited**
Familiengeführtes kleines Charterunternehmen mit einer Flotte von Jeanneau- und Beneteau-Yachten ab Poros (Bareboat, Mitsegelangebote, Flottillen und Segelkurse)
Poros Island, Trizinia 18020 Greece
Tel. +30-22980-23147
www.greeksails.com

- **Islandsailing**
Kleine aber feine Agentur von Yannis Theodoridis und seiner deutschen Frau Nicole aus Paros mit Yachten in Athen und Poros
Tel. +30-6932-651-621
www.islandsailing.gr

- **Istion Yachting Athens**
Charterunternehmen mit Basis in Athen (Alimos Marina)
Tel. +30-21-0981-1515
www.istion.com

- **Kiriacoulis Mediterranean**
Basis in Athen (Alimos Marina)
Tel. +30-210-9886187-91
www.kiriacoulis.gr

- **Master Yachting GmbH**
Agentur für diverse Anbieter in Athen
Tel. +49-93 33-90440-0
www.master-yachting.de

- **Odyssey Sailing**
Charteragentur u. a. mit Basen in Athen bietet auch Reisen mit Skipper oder kombinierte Segel- und Tauchreisen an.
Tel. / Fax: +30-24210-36676
www.odysseysailing.gr

- **Sunsail**
Anbieter von Bareboat-Charter und Segelflottillen mit Basis in der Zea Marina (Athen)
Tel. +49-61015-5791566
www.sunsail.de

Wind und Wetter

Das Klima am östlichen Peloponnes ist mediterran geprägt, mit heißen, trockenen Sommern und milden, teils regenreichen Wintern. Die Region ist bekannt für ihren Sonnenreichtum. Während das Thermometer in den Hafenorten am Peloponnes im Hochsommer leicht über 40 Grad steigen kann, bleibt es auf den Inseln meist einige Grad frischer, weshalb sie für die von Hitze geplagten Athener beliebtes Wochenendausflugsziel sind.
Winde: Die Winde im Revier zeigen sich deutlich moderater als in der offenen Ägäis. Der nördliche Teil des Reviers wird zwar ebenso vom Meltemi beeinflusst wie der Rest der Ägäis, er weht hier jedoch nicht so stark. Der Meltemi ist der griechische Sommerwind, der tagsüber aus nördlichen Richtungen weht und erst abends abflaut. Seine größte Kraft entwickelt er rund um die Inselgruppe der Kykladen, wo im August Windstärken zwischen 6 und 8 Bft an der Tagesordnung sind. Rund um den Saronischen Golf weht es in der Meltemizeit von Juni bis September mit Winden zwischen 4 und 6 Bft.

▷ *Weht der Meltemi, finden sich im gesamten Revier gut geschützte Buchten, wie hier an der Südwestküste von Spetses.*

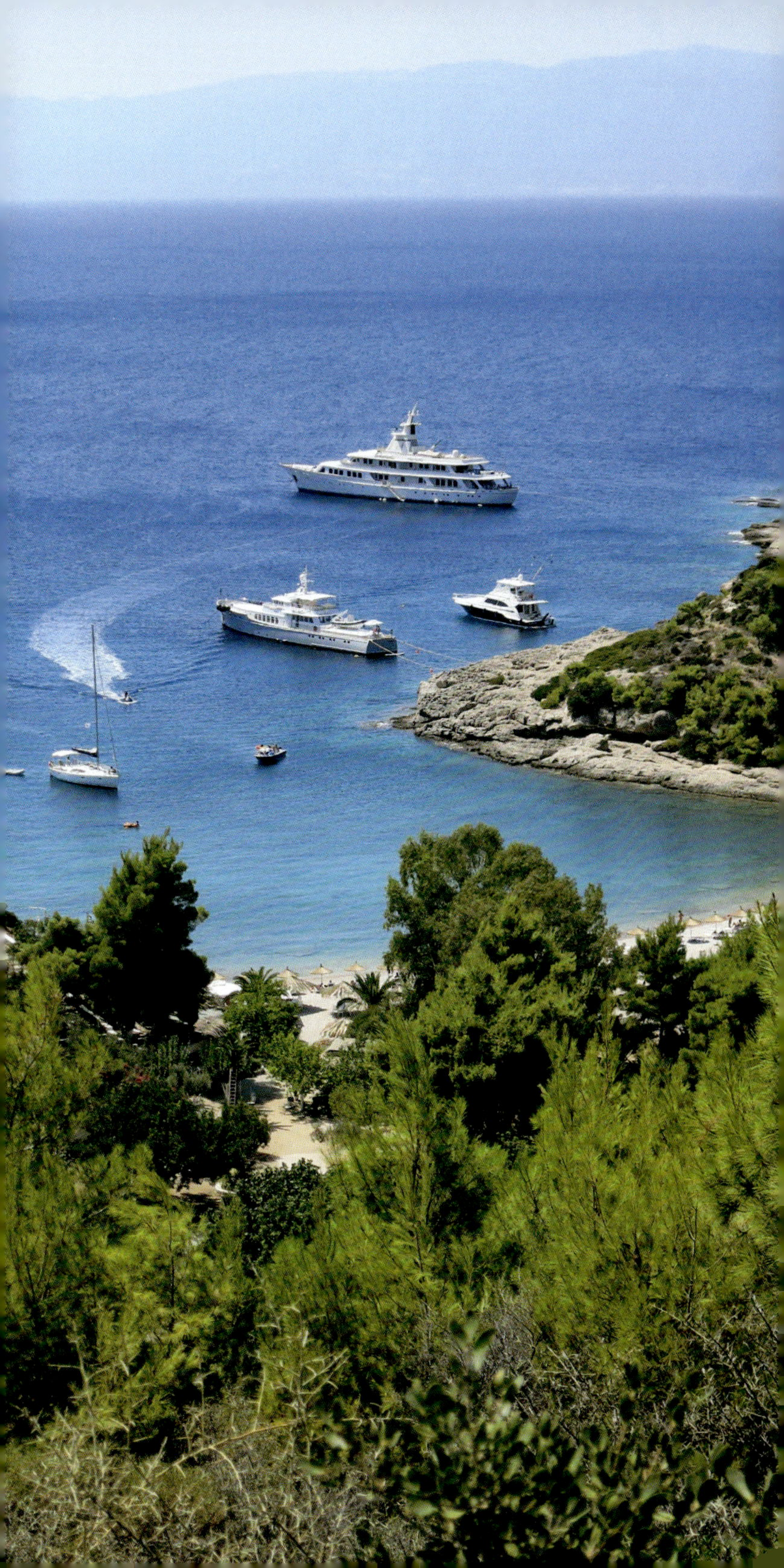

EXKURS: SEGELN MIT KINDERN

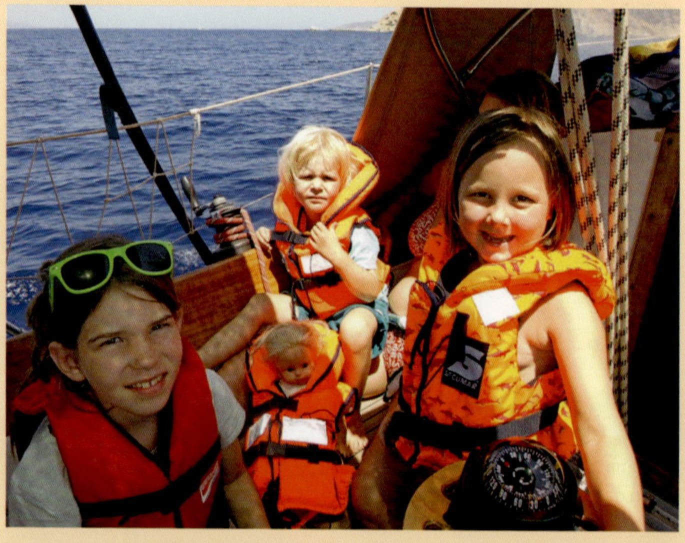

Schwimmwestenpflicht auch für Puppen

Planen Sie einen Segeltörn mit der ganzen Familie, stellen der Saronische und Argolische Golf mit Sicherheit ein perfektes Revier dar. Seichte Strände, moderate Winde, unzählige Buchten und die geringen Distanzen zwischen den einzelnen Inseln versprechen beste Reisebedingungen für Familien mit Kindern. Zudem sind die Griechen eine kinderfreundliche Nation, was das Reisen als Familie hier sehr angenehm macht. Damit die Segelreise auch für die (ganz) Kleinen zu einem gelungenen Törn wird, haben sich bei uns an Bord folgende Strategien bewährt: Zu Beginn des Törns ist eine entspannte und auch flexible Routenplanung wichtig. So eignen sich kurze ▶

Wenn im Saronischen Golf keine Meltemi-Wetterlage vorherrscht, weht der Wind morgens oft mäßig aus Nord und dreht nachmittags meistens auf Süd. Die Ostküste des Peloponnes entlang herrschen dann auch thermisch wechselnde Winde vor: Von Hydra bis in den Argolischen Golf überwiegt ein Südost-Wind, der ab Mittag bis auf 3–5 Bft auffrischt und zur Nacht hin einschläft. Am südlichen Teil des Ostpeloponnes kann ein schwächerer Meltemi aus Nordost oder ein südlicher Wind aus Südost oder Südwest wehen. Im Frühjahr und Herbst herrschen meist schwache bis mäßige Winde vor, öfter aus südlichen Richtungen als im Sommer. Im Frühjahr und im Herbst muss die Crew jedoch mit stärkeren Südwinden und mit launisch wechselnden Winden rechnen und diese in ihre Routenplanung einbeziehen. Lokale Effekte sorgen zudem für Abweichungen der vorherrschenden Windrichtung. So können an der Peloponnes-Küste auch Fallwinde mit Stärken 6 bis 7 Bft auftreten, die ohne Vorwarnung von den

Strecken bei leichten Winden und geringem Seegang optimal, um sich auf dem Schiff einzugewöhnen. Bei uns an Bord haben sich Etappen von 3 bis 4 Stunden Segelzeit als ideal erwiesen, längere Strecken unterbrechen wir gerne durch einen Ankerstopp, um ausgiebig zu baden und zu planschen. Mit sehr kleinen Kindern eignet sich das Segeln über Mittag perfekt, da diese dann meist noch ein Schläfchen halten – für sie verkürzt sich die aktiv erlebte Segelzeit nochmals.
Wir sind stolze Eltern einer neunjährigen Tochter, die seit ihrer 13. Lebenswoche mit an Bord ist. Damit beim Schippern erst gar keine Langeweile aufkommt, beziehen wir sie größtmöglich in das Segelgeschehen ein, denn schon die Jüngsten genießen es, Verantwortung an Bord zu übernehmen. So half unsere Tochter beim Dichtholen oder Fieren der Segel per Winschenkurbel, als sie erst vier Jahre alt war; heute peilt sie andere Schiffe mit dem Kompass, übernimmt ab und an das Ruder, sucht Landmarken mit dem Fernglas, übt den ein oder anderen Knoten und malt und schreibt in ihr Kinderlogbuch, was am Tag so passiert ist. Ältere Kinder können noch anspruchsvollere Aufgaben an Bord übernehmen und erledigen sie in der Regel gerne und gewissenhaft, z. B. das Einzeichnen der aktuellen Position in die Seekarten oder Fahrtenservice per Dingi zum Strand.
Zum Thema Sicherheit: Es versteht sich von selbst, dass Kinder an Bord und im Dingi eine Rettungsweste tragen – egal wie heiß es auch ist! Für kleinere Kinder gibt es gute Feststoffwesten, die sie auch im Hafen tragen sollten, für größere kommen auch automatische Westen in Betracht. Gerade die Feststoffwesten kosten nicht die Welt, sodass man sie vielleicht schon zu Hause kauft, um sicher zu gehen, dass sie auch haargenau passen. Unsere Tochter ist zudem während des Segelns häufig eingepickt, darf das Cockpit bei rauer See nicht allein verlassen und bleibt bei heftigeren Segelbedingungen unter Deck im Salon oder im Vorschiff.
Viele Charterunternehmen bieten zudem den Service an, für Familiencrews ein Relingsnetz rund um das Schiff zu befestigen, was die Sicherheit noch einmal erhöht. Wer noch Fragen zu diesem Thema hat, darf uns gerne unter donau@umwege.de kontaktieren! ■

hohen Gipfeln fauchen. Im Frühjahr und Herbst kommt es in Festlandnähe manchmal zu kräftigen Gewittern.

Wellen: Dank der Landmassen des Festlandes um Athen im Norden und der schützenden Küsten des Peloponnes, der Abschwächung des Meltemis und den meist ruhigeren oder südlichen Winden bauen sich im Saronischen und Argolischen Golf keine riesigen Seen auf. Verglichen mit den offenen Seegebieten in der Ägäis kann man hier meist von gemäßigter See ausgehen, obwohl es bei starkem Wind auch mal kabbelig werden kann und sich auch hier und da höhere Wellen aufbauen.

Östlich des Kap Sounion, bei der östlichen Passage von Poros und im südlicheren Seegebiet Richtung Milos, bewegen sich Yachten dann auf offener See. Kap Sounion und die südlich gelegene kleine Insel Agios Georgios gelten hier als Wetterscheide zwischen Saronischem Golf und Ägäis. Ebenso bilden Dokos und Hydra eine Wetterscheide zu den südlichen Regionen.

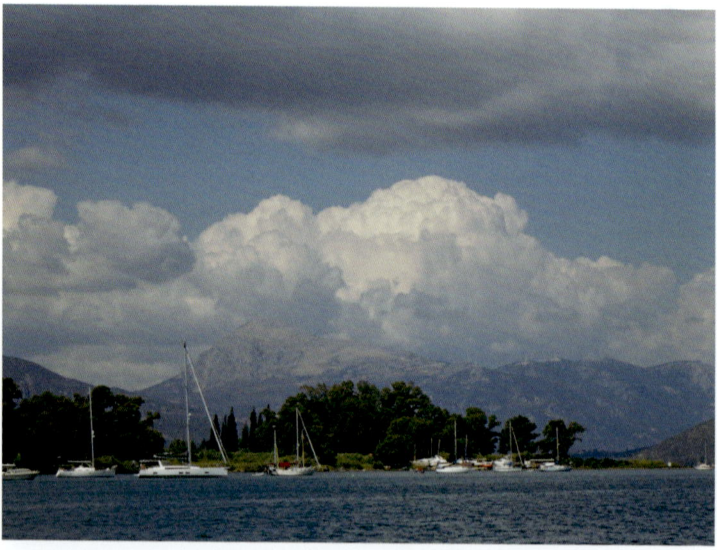

Hier braut sich was zusammen: kräftige Gewitterwolken über dem Festland.

Wettervorhersagen

Zur guten Seemannschaft gehört eine aktuelle Wettervorhersage. Am bequemsten erhalten Segler ihre Wetterberichte inzwischen per App auf Smartphone und Tablet. In vielen Häfen laden zudem Cafés ihre Gäste zur Internetnutzung per WLAN ein. Im Netz finden sich detaillierte Vorhersagen unter:
www.windguru.com
www.windfinder.com
www.wetteronline.de
www.poseidon.gr
www.meteo.gr
Wettervorhersagen über die Küstenfunkstellen (Olympia Radio) werden alle sechs Stunden per Securité-Meldung in griechischer und englischer Sprache auf UKW Kanal 16 angekündigt, und dann auf den in der Ankündigung genannten Kanälen ausgestrahlt (erstmalig 06 Uhr UTC). Es hat sich in der Praxis als hilfreich erwiesen, die Durchsagen per Sprachaufzeichnung am Mobiltelefon mitzuschneiden, da die Vorhersagen teilweise sehr schnell gesprochen werden.
Eine weitere Alternative stellen Wetterberichte per SMS dar, die vor der Reise gebucht werden (www.wetterwelt.de). Neben allen technischen Arten, Wetterberichte zu erhalten, empfiehlt es sich darüber hinaus, die Einheimischen vor Ort zu fragen, denn nicht selten tauchen regionale Besonderheiten nicht in den internationalen Wettervorhersagen auf.

Navigation und Seemannschaft

Auch wenn das Revier durch moderate Winde und kurze Distanzen auch für Anfänger geeignet ist, muss die Navigation sorgfältig erfolgen. Im Revier lauern relativ viele Riffe, z. B. zwischen den Inseln Spetses und Spetsopoula oder rund um Angistri.
Gut beraten ist, wer sich immer frühzeitig mit der Ansteuerung des Hafens oder der Bucht vertraut gemacht hat, denn manchmal rauschen beim Ansteuern eines Ortes Fallböen von den

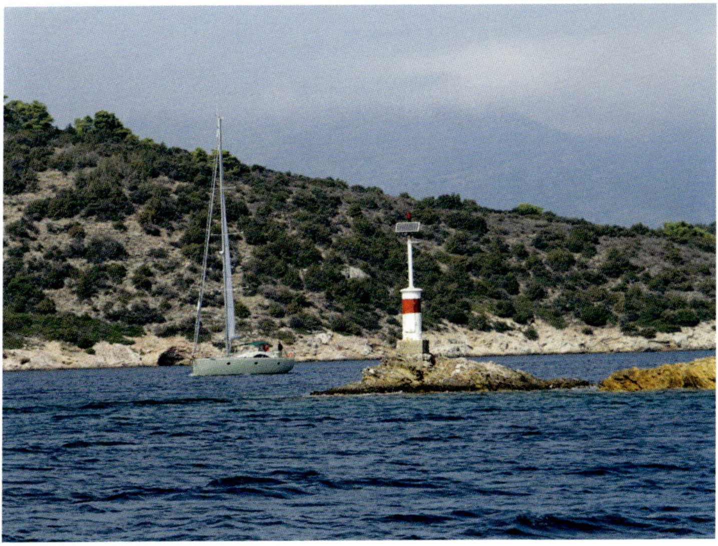

Seezeichen erleichtern die Navigation bei Nacht.

Bergen – und plötzlich bleibt für den Blick in die Karte keine Zeit.

Für einen Notruf nutzt man Kanal 16 (oder den DCS Notrufkanal 70), der Rufname der Küstenfunkstelle ist **Olympia Radio**. Ist kein Funkgerät an Bord, wählt man die Notrufnummer 108 der *Hellenic Coast Guard* aus allen Telefonnetzen.

Seekarten / Reiseliteratur

Modernere Charterschiffe sind meist mit Kartenplottern und Seekarten ausgestattet. Beliebt sind die Sportbootkarten von Imray. Die deutschen Seekarten vom BSH werden nicht mehr aktualisiert und sind somit ein Auslaufmodell. Griechische Seekarten, z. B. die ausgezeichneten Karten von Nicholas D. Elias, können im Fachhandel oder über www.eagleray.gr bezogen werden. Sind GPS-Geräte von der Partie, muss der Skipper bei den Karten darauf achten, dass bei den Eagleray-Karten das richtige Kartenbezugssystem (WGS) eingestellt ist.

Die Karten und Pläne in diesem Charterführer dienen nur als Orientierungshilfe und zur ersten Übersicht für die Crew. Zur Ansteuerung von Buchten und Häfen und zur Navigation zwischen den Inseln eignen sie sich hingegen nicht.

Ein klassischer Individualreiseführer für das Revier ist beim Michael Müller Verlag unter dem Titel »Peloponnes« von Hans-Peter Siebenhaar erhältlich. Mit detailverliebten Beschreibungen für die gesamte Peloponnes-Halbinsel und die Saronischen Inseln ist das Buch eine Fundgrube für Kultur- und Geschichtsinteressierte und bietet tolle Tipps für Ausflüge und Wanderungen im Revier. Auch Athen mit seinen Sehenswürdigkeiten wird beschrieben.

☛ Tipp: Infos schon vor der Reise besorgen

Weil Touristeninformationsstellen im Revier rar sind, ist es sinnvoll, sich schon zu Hause mit Prospekten zu versorgen.

Das steigert gleichzeitig die Vorfreude! In manchen Orten gibt es Touristen-Informationen, ansonsten haben Reise- oder Fährbüros meist kostenlose Prospekte, Inselkarten und Stadtpläne ausliegen.

Wertvolle Informationen und Broschüren über die Inseln erhalten Reisende vorab von der Griechischen Zentrale für Fremdenverkehr (GZF). Die Mitarbeiter des Frankfurter Büros verschicken aber nicht nur Prospekte, sondern halten auch Informationen zum Thema Wassersport und Segeln bereit. Kontakt in Deutschland:

Griechische Zentrale für Fremdenverkehr
Tel. +49-69-257827-0,
E-Mail: info@visitgreece.com.de,
www.visitgreece.gr.

Gutes Infomaterial für Charterkunden bietet außerdem die Kreuzerabteilung des Deutschen Seglerverbandes an, www.kreuzer-abteilung.org.

Bootspapiere und Formalitäten

Die meisten Charteryachten laufen unter griechischer Flagge, auch wenn sie zu einem internationalen Unternehmen gehören. Dies hat den Vorteil, dass die Chartercrew sich in Griechenland nicht mit allzu vielen Formalitäten herumplagen muss. Für die relevanten Bootspapiere sorgt das Charterunternehmen. In manchen Häfen werden der Chartervertrag, die Crewliste, Versicherungsunterlagen und die Bootspapiere nach der Ankunft von der Hafenpolizei verlangt. Überprüfen Sie deshalb bei Übernahme der Yacht, ob die Unterlagen vollständig an Bord sind.

Eigner einer Yacht führen den Internationalen Bootsschein oder ein Flaggenzertifikat als Eigentumsnachweis mit sich, außerdem den Nachweis über die Haftpflichtversicherung, einen Mehrwertsteuernachweis über das eigene Schiff, die Funklizenz samt Frequenzzuteilung und das Private Pleasure Yacht Maritime Traffic Dokument (DEKPA). Eigner von Yachten, die außerhalb der Europäischen Union gemeldet sind, benötigen ein Transit-Log.

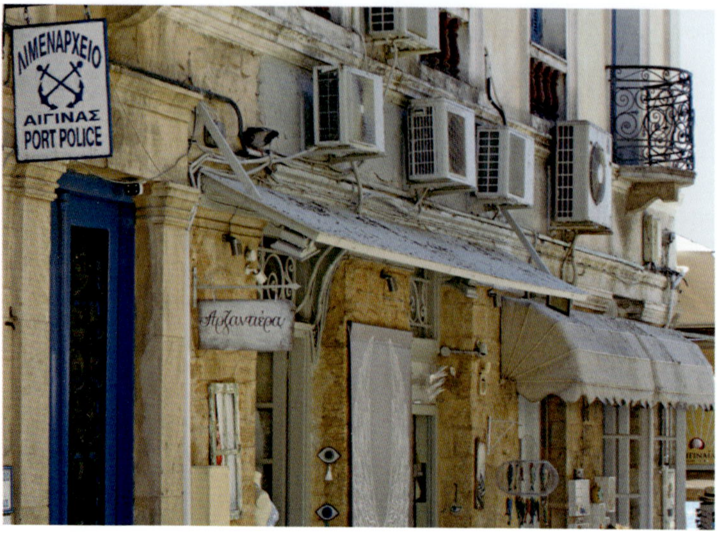

Meist schnell erledigt: die Formalitäten bei der Hafenpolizei

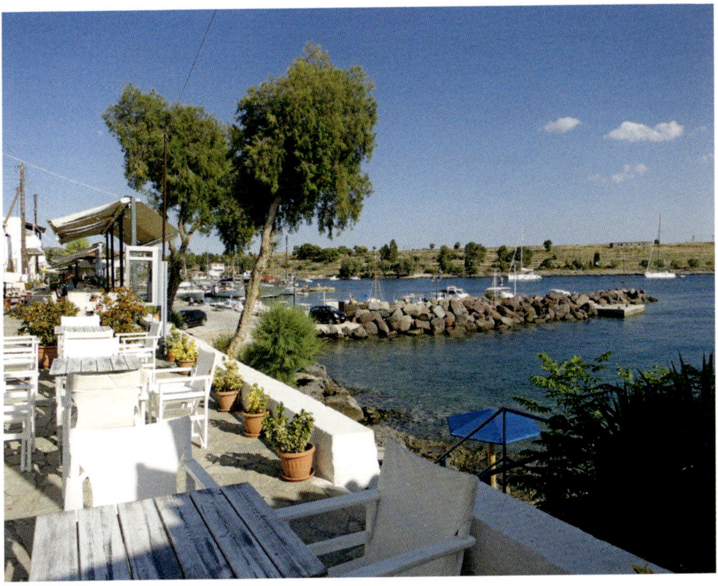

Kurze Wege vom Hafen zum nächsten Café

Generell muss jedes Crewmitglied einen gültigen **Personalausweis** oder **Reisepass** dabeihaben, außerdem ein Crewmitglied den amtlichen **Sportbootführerschein** (bzw. Schiffsführerausweis oder Befähigungsausweis für Segler aus der Schweiz und Österreich). Das griechische Recht verlangt für Chartercrews, zumindest offiziell, zwei qualifizierte Skipper an Bord, was in der Praxis heißt: Mindestens einer von ihnen muss im Besitz des **SBF See** sein (für Skipper aus Österreich oder der Schweiz gilt selbstverständlich das landesspezifische Zertifikat), ein zweites Crewmitglied muss Segelerfahrung »nachweisen« können (z.B. per Meilenbuch oder – einfacher – per Selbsterklärung). Je nach Charteranbieter gelten manchmal noch individuelle Bedingungen, die Sie am besten schon bei der Reservierung der Yacht erfragen. Eine Funklizenz wird, zumindest bisher, vom Charterkunden nicht verlangt.

Wer ein Auto oder einen Roller mieten möchte, muss zudem seinen **Kfz-** bzw. **Motorrad-Führerschein** im Gepäck haben.

Häfen und Ankerplätze

Das Revier glänzt mit unzähligen, traumhaften Ankerbuchten und zahlreichen idyllischen Gemeinde- oder Fischerhäfen, in denen – bis auf wenige Ausnahmen – römisch-katholisch per Buganker angelegt wird. Sitzt selbiger erst mal fest, dümpelt man abends gemütlich zwischen bunten Fischerbooten und beobachtet das lebendige Treiben vom Cockpit aus. Die Wege zum nächsten Café sind kurz und beim abendlichen Tavernenbesuch sieht die Crew die eigene Yacht gleich gegenüber sanft im Hafen schaukeln – Griechenlandidylle pur! Wer aber eine perfekte **Infrastruktur bei den Häfen und Marinas** erwartet, wird womöglich enttäuscht. Denn im gesamten beschrieben Revier finden

EXKURS: GUTEN APPETIT – KALI OREXI!

Möchte die Crew nicht an Bord essen, findet sie sowohl traditionelle Tavernen als auch Restaurants mit internationaler Speisekarte in den Touristenzentren. Das Frühstück fällt, wie auch in anderen Mittelmeerländern, eher bescheiden aus. Köstlich schmecken aber die kleinen, mit Spinat, Käse oder Kartoffeln gefüllten Gebäcktaschen (Pittes), die es in Bäckereien zu kaufen gibt.

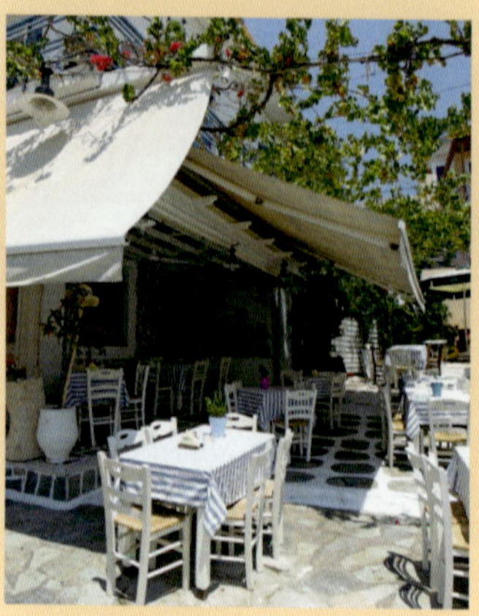

Gemütliche Tavernen warten auf hungrige Crews.

Zu Mittag setzt man sich erst gegen 14 Uhr an den Tisch, auch das Abendessen ist nicht vor 21 Uhr üblich. Vom heimischen »Griechen« kennen Sie Gyros, Souvlaki, Moussaka und Co. Doch die griechische Küche hat weitaus mehr als die weitläufig bekannten Spezialitäten zu bieten. Fangen wir mit den Vorspeisen an, Mezedes oder einfach Meze genannt. Die kalten oder warmen Appetithäppchen bestellt man in großer Runde typischerweise gemeinsam – manchmal reichen sie schon für eine ganze Mahlzeit. Der Wirt stellt die bunten Vorspeisen einfach in die Mitte des Tisches und jeder probiert von allem. Besonders lecker und fast überall zu haben sind folgende Mezedes:

Fava und Hummus – ein Mus aus Bohnen oder Kichererbsen

Panzaria – Rote Beete in Scheiben mit Olivenöl und Knoblauch verfeinert

Saganaki – ein Hartkäse aus Ziegenmilch, knusprig gebacken aus der Pfanne

Gigantes – Dicke Bohnen mit gedünsteten Zwiebeln und Tomaten ▸

sich nicht allzu viele Marinas, die ihren Namen im klassischen Sinne verdienen. Zwar werden mancherorts die Yachtzonen des Hafens als »Marina« betitelt, mit entsprechender Ausstattung darf hingegen nicht immer gerechnet werden.

Ganz auf maritimen Service muss die Crew dennoch nicht verzichten. In den meisten Stadthäfen der Inseln gibt es **Wasser- und Stromanschlüsse**, die vom Hafenmeister bei Bedarf und gegen Gebühr oder per Chipkarte geöffnet werden. Apropos Wasser: In Griechenland herrscht Wassermangel, vor allem im Hochsommer. So haben Einheimische keinerlei Verständnis dafür, wenn alle Nase lang eine Charteryacht mit Trinkwasser abgebraust wird. Gehen Sie deshalb mit dem wertvollen Nass sparsam um, wenn Sie die Bevölkerung vor Ort nicht verärgern wollen. Auf manche Insel gelangt Wasser sogar nur mühsam per Schiff vom Festland herüber. Die Versorgung mit **Treibstoff** erfolgt bequem per Tankwagen. Dazu ist in fast jedem Hafen eine Nummer angeschlagen, unter der die Crew einen kleinen LKW mit Diesel aus dem nächsten Dorf direkt zum Kai anfordert. Der so angelieferte Treibstoff kostet zwar pro Liter etwas mehr als an der Zapfsäule, aber dieser Preisaufschlag wird gern gezahlt, in

Kolokithokeftedes – köstliche Zucchinikroketten, schmecken lecker mit Tzatziki
Garides Saganaki – Garnelen aus der Pfanne mit Tomaten, Knoblauch und Feta
Gavros – kleine Sardinen (ganz) frittiert und mit Zitrone serviert
Keftedakia smyrneika – Hackfleischröllchen in pikanter Tomaten-Weinsauce

Wichtigste Vorspeise ist aber der Choriatiki, der griechische Bauernsalat mit Tomaten, Gurken, Feta und Zwiebeln. Wer jetzt noch Hunger hat, bekommt gegrilltes Fleisch vom Lamm (Arnaki), Schwein (Chirino) oder Rind (Wodi) serviert. Fangfrischer Fisch (Psari) ist eine rare Köstlichkeit und wird deshalb in der Regel per Kilo berechnet. Preise um die 60 Euro sind im Sommer üblich. Auch Meeresfrüchte und Hummer, gerne mit Pasta serviert, haben einen stolzen Preis. Günstiger leben da schon die Vegetarier, die zwischen zig Gemüsespezialitäten auf der Speisekarte wählen können. Wenn es denn überhaupt eine Karte gibt! In einfachen Tavernen ist es nämlich manchmal noch üblich, sich das Angebot bei einem Blick in die Küche und die dampfenden Töpfe anzuschauen und dann zu entscheiden, was man essen möchte. *Nero* (Wasser), *Krassi* (Wein) oder *Bira* (Bier) sind die typischen Getränke zum Essen, wobei die Qualität lokaler Weine von ausgezeichnet bis abscheulich reicht. Leckere einheimische Biersorten sind Fix, Mythos und Alpha. Nach dem Essen schmeckt ein Ouzo, ein griechischer Anisschnaps, der in Griechenland nicht pur getrunken, sondern mit Wasser verdünnt wird. Beim Vermischen mit Wasser oder stark gekühlt wird er milchigtrüb. Nach einem reichhaltigen Essen soll er bei der Verdauung helfen.

Wer nach dem Essen eher Lust auf Kaffee hat, nimmt den selbigen traditionell im Kafenion ein. Dort wird schwarzer Mokka (Greek Coffee) serviert. Für Touristen gibt es aber auch Espresso, Cappuccino und Co. An heißen Tagen lieben die Griechen ihren kalten Frappé zur Erfrischung (aufgeschäumter Nescafé mit Eiswürfeln, wahlweise mit Milch und Zucker).

Kali orexi – guten Appetit!

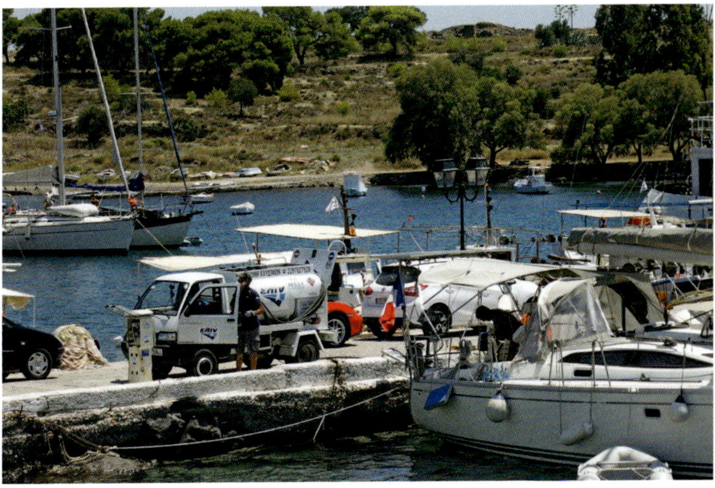

Treibstoff kommt bequem per Tankwagen – sei der Hafen noch so klein.

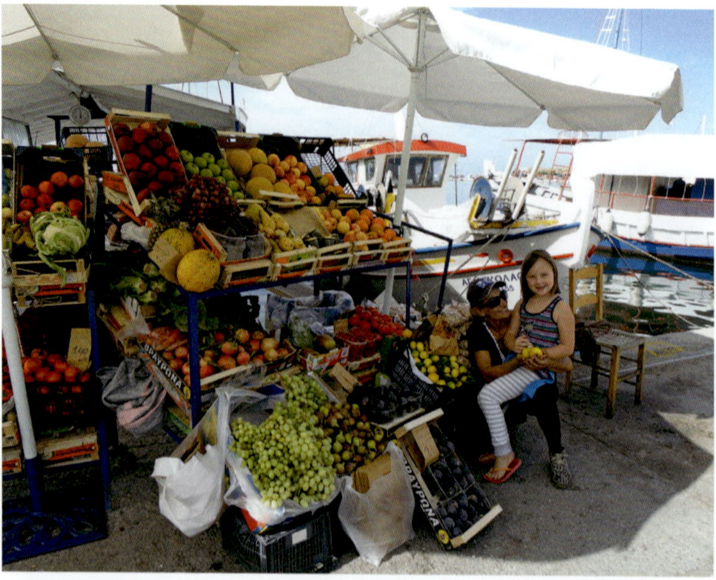

An frischem Obst und Gemüse herrscht kein Mangel.

Anbetracht der mühsamen Alternative, kilometerweit Kanister zu schleppen!

Heikel im Revier sind hingegen die Themen **Sanitäranlagen und Duschen**. Bei sommerlicher Hitze heiß ersehnt, finden sich weder in den einfachen Fischerdörfern noch in den meisten Stadthäfen Sanitäranlagen. So bleibt der Crew nur das Duschen an Bord oder der Gang zum nächsten Strand, wo meist eine kalte Süßwasserdusche zur Erfrischung installiert ist. In manchen Häfen haben sich zudem einige Cafés, Pensionen, Hotels oder sogar Mini-Märkte auf Segelcrews eingestellt und lassen ihre Gäste gegen eine kleine Gebühr in ihrem Etablissement duschen. Halbwegs akzeptable Möglichkeiten zum Duschen finden sich zudem in den Charterbasen in der Athener Kalamaki Marina, sogar gute in der Zea-Marina. Ein Wort noch zu den griechischen Toiletten: In griechischen Häfen gibt es kaum öffentliche Toiletten. Und wenn es doch welche gibt, ist der hygienische Zustand häufig grenzwertig. Anders sieht es in den Cafés und Bars der Touristenorte aus, deren stille Örtchen ganz ohne Bedenken benutzt werden können. Etwas gewöhnungsbedürftig: Das Toilettenpapier gehört in Griechenland in den Mülleimer, nicht ins WC, da die Abflussrohre zu dünn sind und das Abwassersystem mit dem Papier überlastet ist.

Hafengebühren und allgemeines Preisniveau

Wer sich über die dürftige maritime Infrastruktur ärgert, darf sich im Gegenzug über niedrige Hafengebühren und Liegegelder freuen! Am günstigsten kommen Chartercrews unter griechischer Flagge davon, die für eine Nacht im Stadthafen maximal fünf Euro berappen müssen, wenn überhaupt jemand zum Kassieren kommt. Privatboote aus dem Rest

Europas zahlen etwas mehr. Einige Häfen werden von der Gemeinde als Marina betrieben – aber auch hier halten sich die Kosten für die Crew in erträglichem Rahmen. Wasser und Strom werden meist nach Verbrauch abgerechnet.

Das Preisniveau für die Versorgung mit Lebensmitteln liegt in Griechenland höher als in Mitteleuropa, das gilt besonders für die Inselwelt, vor allem wenn Sie auf Importgüter wie italienischen Espresso, holländischen Gouda und deutsches Bier Wert legen. Greift man zu regionalen Produkten wie griechischen Mokka, Schafskäse und einheimischen Getränken, schont das die Bordkasse. Saisonales Obst und Gemüse sind generell günstig zu bekommen. Auch der Tavernenbesuch am Abend ist preislich gesehen in den meisten Orten im Revier noch erfreulich. Einzig in den Touristenzentren und in erlesenen Restaurants, wie z. B. auf Hydra, muss die Crew für ein Abendessen pro Person mehr als 25 Euro berappen.

Einkaufen

Generell gehört es in vielen Orten in Griechenland noch zur Tradition, in familienbetriebenen Mini-Märkten einzukaufen, wenn auch hier nach und nach Discounter das Feld erobern. Das Angebot in diesen Kleinstgeschäften überrascht so manchen Besucher, denn vollgepfropfte Regale bis unter die Decke sorgen für ein erstaunlich breites Sortiment. Ein reiches Angebot an Obst und Gemüse lockt im Fachgeschäft nebenan, Wurst und Co. kauft die Crew beim Metzger um die Ecke. Kalte Getränke, Kaugummis, Telefonkarten und Tabakwaren werden in kleinen Kiosken (Periptero) angeboten, die in keinem Dörfchen fehlen. In den ganz kleinen Orten fahren Verkaufswagen herum, die Obst und Gemüse im Angebot haben, und auch der Bäcker kommt nicht selten auf vier Rädern und liefert duftend frisches Brot direkt an den Kai.

In Athen und den größeren Orten auf Poros oder Aegina sowie Städtchen an der Peloponnesküste bieten gut-

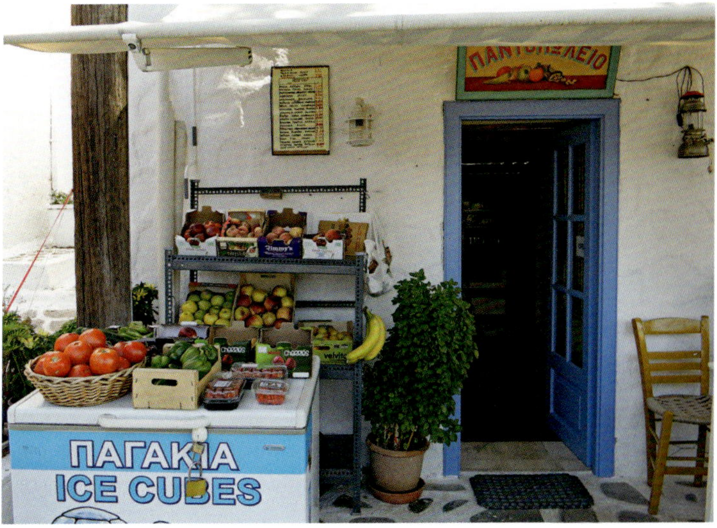

Platz ist in der kleinsten Hütte: Mini-Märkte führen oft ein reiches Sortiment.

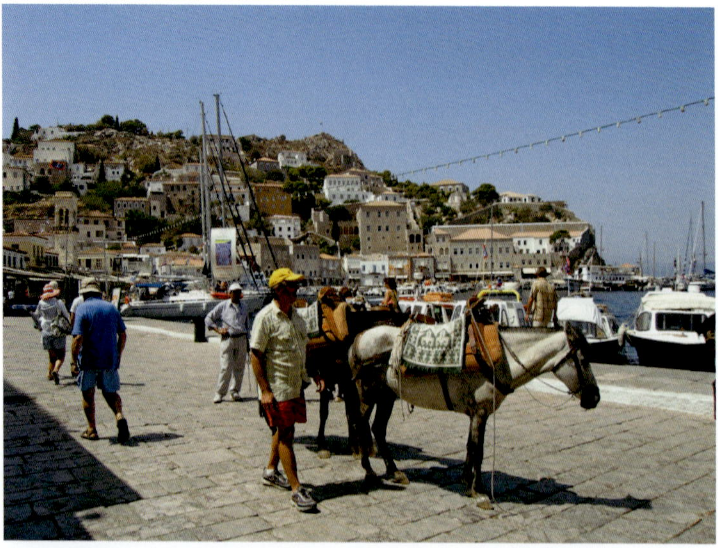

Auf autofreien Inseln wie Hydra bleibt zum Ausflug nur ein Ritt auf dem Esel.

sortierte Supermärkte aber auch die Rundumversorgung aus einer Hand.

Geldautomaten, Devisen, Kreditkarten und Sicherheit

In Griechenland ist es üblich, mit Bargeld zu zahlen, und nicht alle Tavernen akzeptieren EC- oder gar Kreditkarten. Letztere benötigt die Crew allerdings für die Kaution, wenn sie ein Auto mieten möchte. Die Versorgung mit Euroscheinen per EC-Automat ist meist unkompliziert, und in den größeren Orten gut möglich. Es gibt auch Wechselstuben für Segler aus der Schweiz oder anderen Ländern, die nicht den Euro als Zahlmittel haben.

Durch die angespannte Finanzlage im Land hat sich jedoch die Sicherheitssituation verändert, zumindest in Athen. Konnten wir in unseren ersten Reiseführern bedenkenlos auf eine sehr geringe Kriminalitätsrate in Griechenland verweisen, sieht die Situation wenigstens in den großen Städten mittlerweile etwas anders aus: So kommt es in letzter Zeit besonders in öffentlichen Verkehrsmittel rund um die Hauptstadt und den Hafen von Piräus vermehrt zu Taschendiebstählen, weshalb Reisende auf ihre Wertgegenstände und Reisedokumente achtgeben sollten. Auf den Inseln und kleineren Orten am Peloponnes selbst zeigt sich die Lage aber deutlich entspannter: Hier ist es vielerorts noch üblich, seine Haustüre unverschlossen zu lassen, und Diebstähle kommen nur sehr selten vor.

Uhrzeit und Öffnungszeiten

In Griechenland gilt die Mitteleuropäische Zeit plus eine Stunde (MEZ + 1h). Es ist also ganzjährig eine Stunde später als in Deutschland, Österreich und der Schweiz.

Die Öffnungszeiten von Geschäften orientieren sich an den warmen Klimabedingungen im Mittelmeerraum. So öffnen sie zwischen 9 und 14 Uhr, schließen dann für eine lange Pause in der Mittagshitze und machen erst wieder von 17 bis gegen 20 Uhr auf. In den Touristenorten bieten die meisten Läden ihre Waren auch sonntags an, in der Saison oft rund um die Uhr bis in den späten Abend hinein. Für Banken und Behörden gelten nur die vormittäglichen Öffnungszeiten. Museen und Ausgrabungsstätten haben montags meist geschlossen, dafür sonntags geöffnet.

Telefon, Mobiltelefone und Internet

Auch Griechenland ist endgültig im Zeitalter des Mobiltelefons angekommen; es gibt daher immer weniger Kartentelefone, von denen Sie Ihre Liebsten daheim anrufen können. Steht doch mal eines am Hafen, erhält der Reisende die Karten hierfür im Periptero (Kiosk).

Durch die weitgehende Abschaffung der Roaming-Gebühren im Sommer 2017 können Mobilfunknutzer innerhalb der EU ihre Freiminuten und Mobildaten in der Regel so nutzen wie zu Hause (vorher beim Anbieter erkundigen). Wer sein Notebook oder Smartphone dabei hat, findet in den Orten immer ein Café, das seinen Gästen einen drahtlosen Zugang ins Internet ermöglicht. Ein Schild mit »Free Wifi« deutet auf kostenlose drahtlose Internetnutzung hin, bei verschlüsseltem Zugang erhält man den Code bei einem Frappé.

Ärztliche Versorgung und Bordapotheke

Wird man in Griechenland krank, findet sich in größeren Orten und auch auf größeren Inseln ein Gesundheitszentrum mit praktizierenden Ärzten verschiedener Fachrichtungen. Harmlose Erkrankungen können also vor Ort behandelt werden, ernsthafte Krankheiten und Unfälle erfordern aber meist den Transport nach Athen. Die Kosten für eine Behandlung in einem öffentlichen Gesundheitszentrum oder Krankenhaus deckt die normale Krankenversicherung ab. Außerhalb dieser Zentren praktiziert der Großteil der Ärzte aber nur privat. Für Reisende ist allein deshalb eine Reisekrankenversicherung obligatorisch. Wer Medikamente benötigt, erhält sie in den zahlreichen Apotheken – viele sogar ohne Rezept und deutlich günstiger als im Heimatland. Trotzdem empfiehlt es sich, Medikamente, die regelmäßig eingenommen werden müssen, bereits von zu Hause mitzubringen. Auch homöopathische Mittel sind nicht ganz einfach zu bekommen.

Ausflüge, Mietwagen und Rollerverleih

Je nach Reisedauer kombinieren Crews ihren Segeltörn gerne mit Land- oder Wanderausflügen. In den Beschreibungen der Inseln und Orte am Peloponnes und auf den Inseln finden Sie deshalb immer auch eine Empfehlung zur Erkundung des Hafenumfeldes, sei es per Pedes oder mit dem Leihfahrzeug. Mietwagenstationen gibt es meist in jedem größeren Hafenort. So bekommt man einen Kleinwagen ab 25 Euro pro Tag, Roller kosten zwischen 10 und 15 Euro am Tag – in der Hauptsaison etwas teurer. Hydra allerdings ist komplett motorfrei – hier bleibt nur der Ritt auf dem Esel oder Ausflug zu Fuß. In Spetses hingegen sind allein Autos verboten, dort stehen aber Zweiräder zum Verleih bereit.

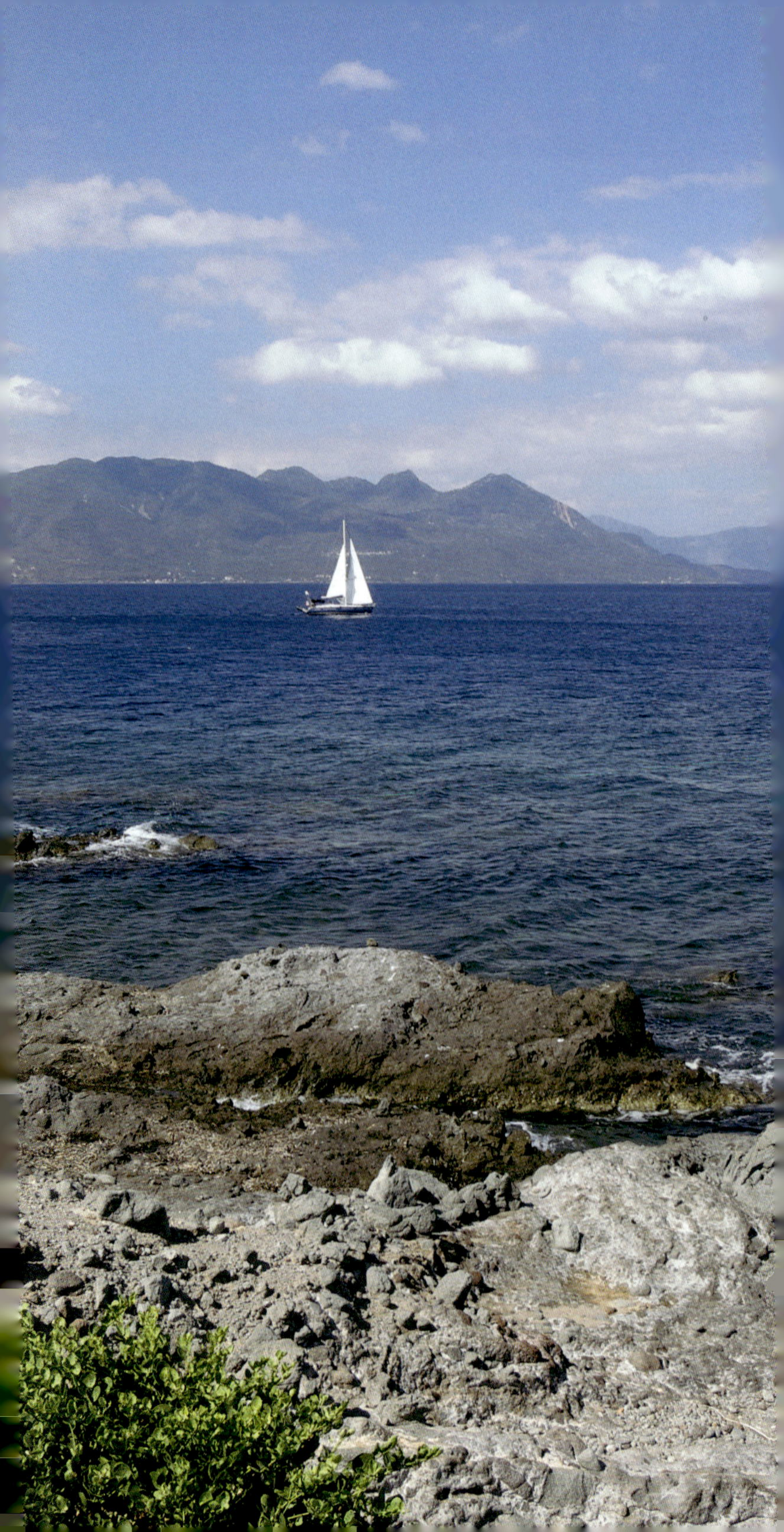

Unterwegs im Revier

Das Revier ist im Folgenden in drei Kapitel (Karte siehe Umschlagsinnenseite) unterteilt, die jeweils mit einer Übersichtskarte beginnen, aus der auch die Entfernungen zwischen den einzelnen Orten und Inseln hervorgehen. Bei der Planung spielen die Dauer des Törns und die Windverhältnisse vor Ort eine entscheidende Rolle. Aufgrund der Größe und Vielfalt des Reviers stellen wir nicht alle Häfen und Buchten vor. Stattdessen setzen wir Schwerpunkte und beschreiben solche Ziele ausführlicher, die uns für eine Crew am attraktivsten erscheinen.

Weil viele Vercharterer ihre Stationen an der Attikaküste in oder nah bei Athen (Alimos Marina und Lavrion) haben, wird das Gebiet in diesem Kapitel vor den eigentlichen Törnhighlights beschrieben.

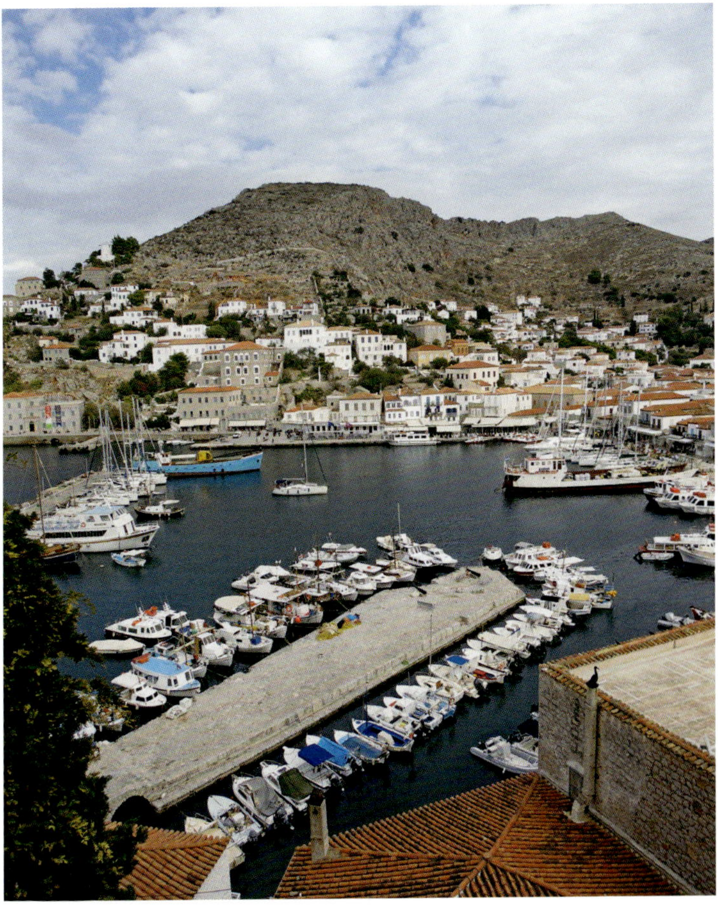

Die Insel Hydra mit ihrem schmucken Hafen ist ein Highlight.
◁ Herrliches Segeln im Revier

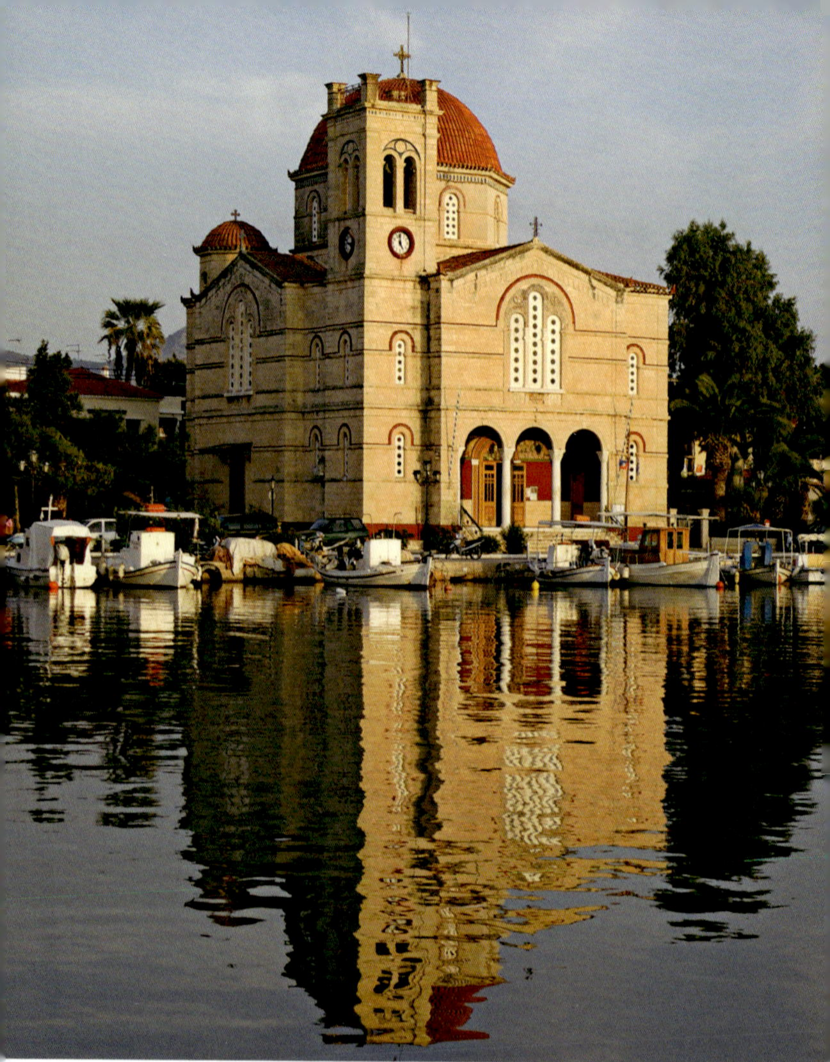

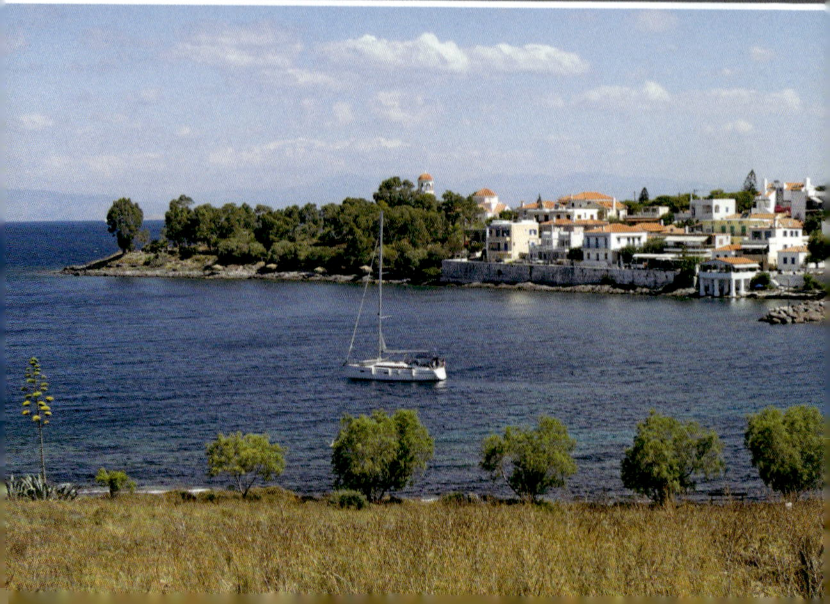

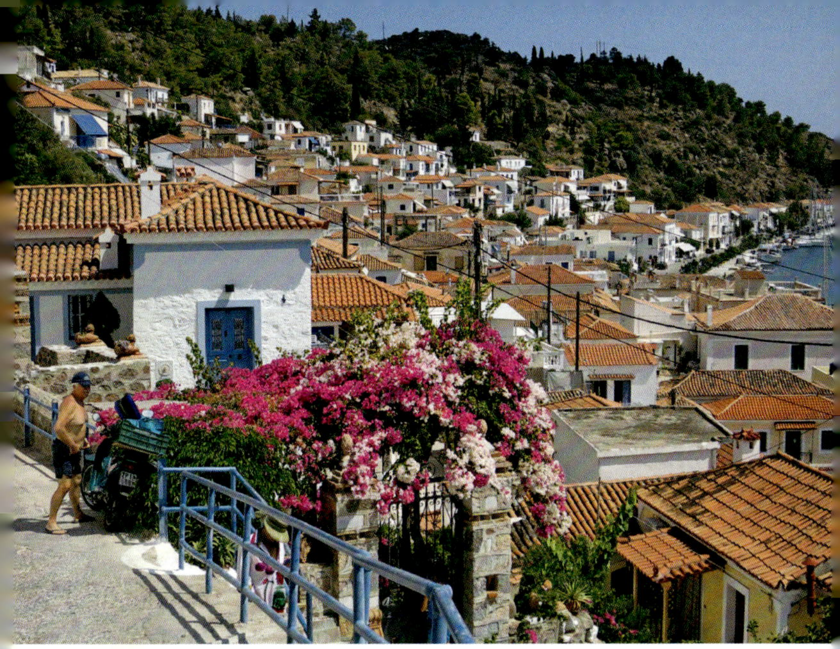

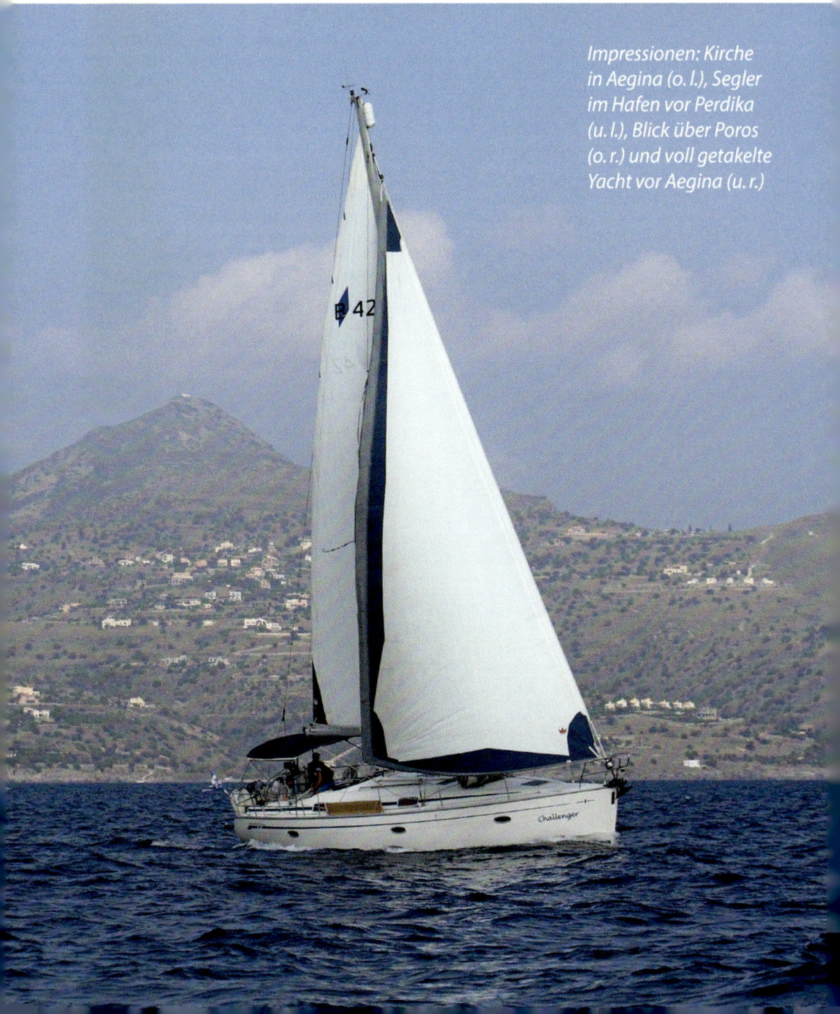

Impressionen: Kirche in Aegina (o. l.), Segler im Hafen vor Perdika (u. l.), Blick über Poros (o. r.) und voll getakelte Yacht vor Aegina (u. r.)

Routen durch den Saronischen Golf ...

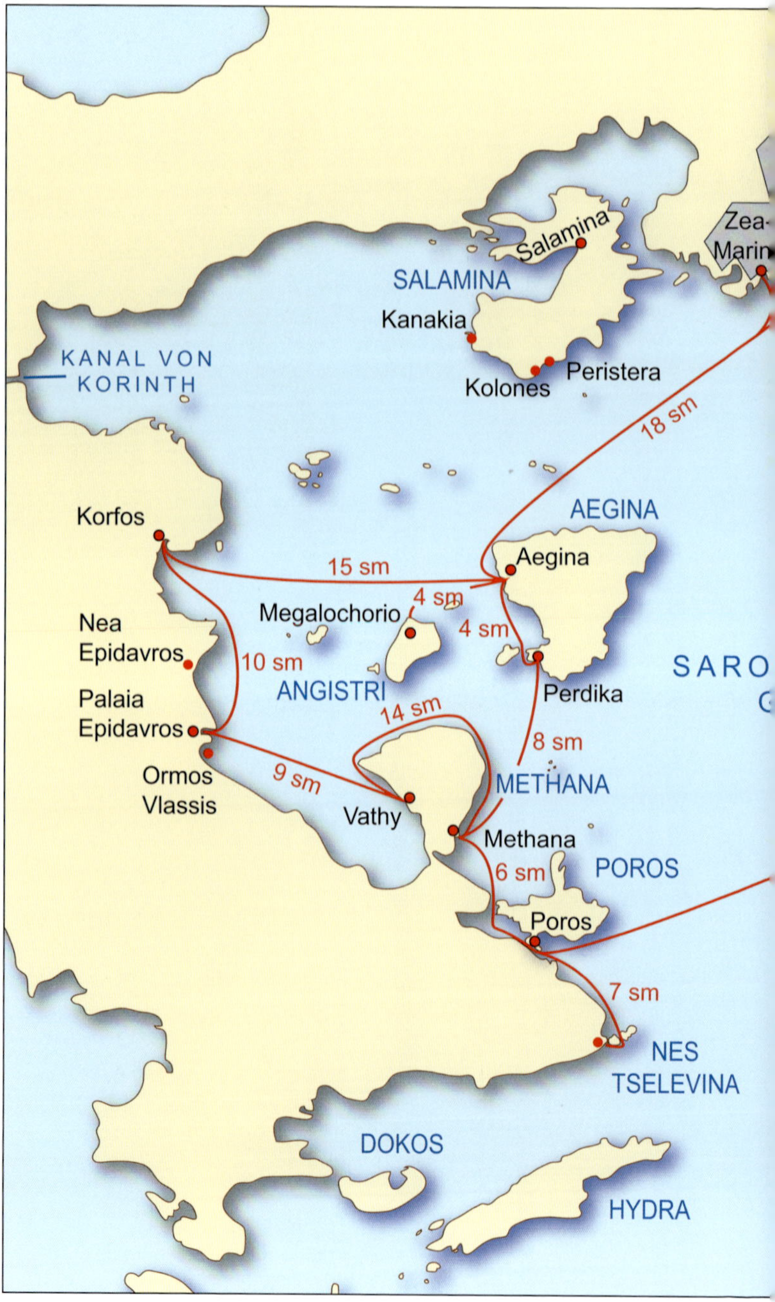

... mit den Inseln Aegina, Angistri und Poros

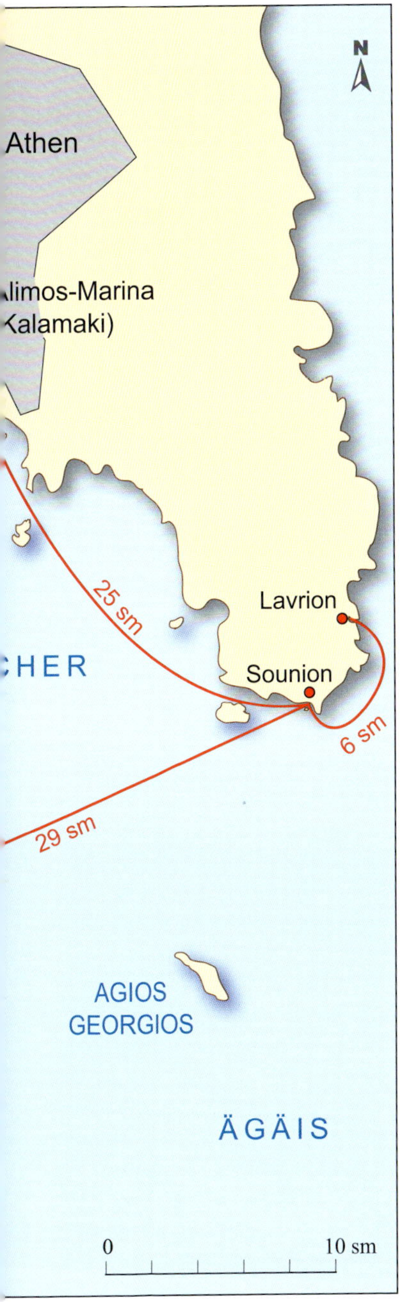

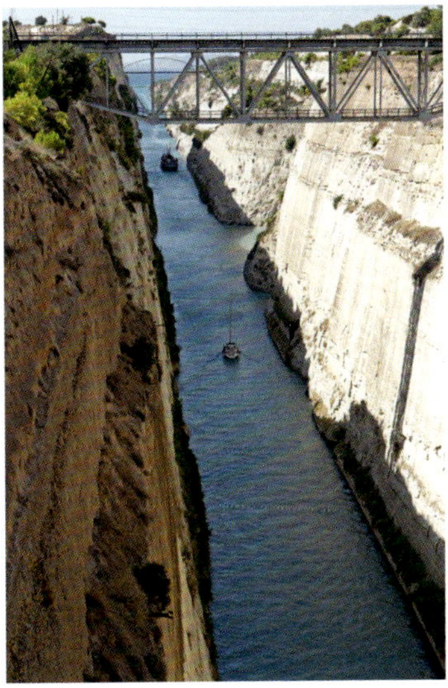

Der Kanal von Korinth begrenzt das Revier im Nordwesten.

Der Saronische Golf umfasst das Gebiet vom Kap Sounion im Nordosten über Athen und Teile der Attikaküste im Norden sowie über Istmia an der Einfahrt zum Kanal von Korinth im Westen bis hin zum Kap Skillaion am Eingang zum Golf von Hydra im Südosten.

Ein gemütlicher Törn durch den Saronischen Golf eignet sich schon perfekt ab einer Dauer von einer Woche. Vor allem für Familien bleibt so ein Törn hinsichtlich der Distanzen überschaubar und gleichzeitig sehr abwechslungsreich. Will die Crew mehr Meilen machen, lässt sich diese Route je nach Wunsch mit den Inseln aus den folgenden Routenvorschlägen durch den Argolischen Golf oder auch den Routen entlang der Südostküste des Peloponnes kombinieren, beispielsweise für einen 10–14-tägigen Törn.

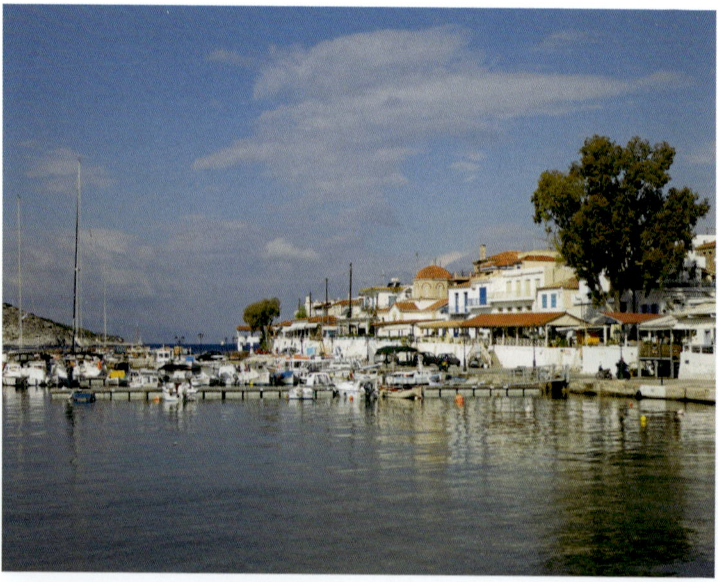

Perdika lädt mit seinen Fischtavernen zum Törnausklang.

Von den Häfen Athens segelt die Crew 18 sm nach Südwesten zur abwechslungsreichen Insel Aegina, nach Salamis die größte Saronische Insel. Von Aegina ist es nur ein Katzensprung zum benachbarten Inselwinzling Angistri, der ausgesprochen schöne Strände und klarstes Wasser zu bieten hat.

Von hier lohnt sich für Kultur- und Geschichtsinteressierte ein Abstecher in den weniger als 10 sm entfernten Hafenort Palaia Epidavros an der Peloponnesküste, von wo Sie das gleichnamige antike Theater besuchen können. Auch die Hafenbucht Korfos bietet einen sicheren Übernachtungsplatz und heimelige Tavernen. Nordwestlich von Korfos liegt der Kolpos Kendhreon, der von Yachten jedoch nur besucht wird, wenn sie den Kanal von Korinth durchfahren wollen. Die Umgebung ist industriell geprägt und in den Buchten, die selbst bis an das Ufer sehr tief sind, von Fischzuchtanlagen besiedelt. Dafür lockt südöstlich von Korfos oder Palaia Epidavros die Vulkanhalbinsel Methana mit ihrem lieblichen Fischerhafen Vathy auf der Westseite. Rund 20 sm sind es von hier zur grünen Insel Poros, wo ein bezaubernder Naturhafen und eine pittoreske Altstadt als beliebte Highlights des Törns warten. Von dort führt der Weg langsam wieder zurück gen Norden, beispielsweise zu einer der Buchten im Süden der 13 sm entfernten Insel Aegina oder zum verträumten Fischerort Perdika – ein perfekter Ort für den Törnausklang! Von hier lässt es sich am nächsten Tag gemütlich die rund 23 sm zu den Marinas von Athen segeln. Wer von Poros noch einen längeren Schlag machen möchte oder sein Boot nach Lavrion überführen muss, kann die Nacht auch am 25 sm entfernten Kap Sounion vor Anker verbringen und die rund 24 sm nach Athen (bzw. 8 sm nach Lavrion) am nächsten Tag zurücklegen.

Je nach Windverhältnissen erlaubt dieser Routenvorschlag mit seinen vielen interessanten Inseln und Hafenorten an der Küste spontane Entscheidungen bei sehr gemütlichen Tagesetappen.

Nautische Informationen

Der Meltemi macht sich im Saronischen Golf häufig abgeschwächt bemerkbar, von West nach Ost mit zunehmender Intensität. So kann er am Kap Sounion, aus dem *Steno Makronisou* kommend, sehr stark sein und auch böig werden. Rund um die am östlichen Rande des Golfes liegende Felsinsel Agios Georgios herrscht oft kabbelige See, die aufgrund von Reflexionen der Wellen, die an ihre steilen Ufer schlagen, entsteht. Die Meerenge, die das Festland (aus Richtung Lavrion kommend) von der langgezogenen Insel Makronisos trennt, heißt **Diavlos Makronisou**. Hier entsteht bei starkem Meltemi eine beachtliche Strömung in Richtung Südwest, was insbesondere auf dem Weg zurück nach Norden berücksichtigt werden muss.

Rund um die griechische Hauptstadt herrscht sehr reger Schiffsverkehr! Südlich der Athener Marinas ist zudem Vorsicht innerhalb des Verkehrstrennungsgebietes angesagt, das sich zwischen der Attikaküste und der Insel Aegina auf etwa 12 x 4 sm erstreckt (genaue Lage: siehe Seekarte). Außerdem brausen viele Fähren zu den Inseln Poros und Aegina, darunter viele Highspeedboote, die mit 30 Knoten schneller näher kommen, als einem lieb ist. Wir raten Ihnen deshalb, das Gebiet – zumindest bei Start des Törns – möglichst bei Tageslicht zu passieren.

Die Navigation muss aufgrund von Untiefen und Felsen sehr sorgsam erfolgen. Besonders an der Südküste von Salamis ist es sehr felsig, zwischen Aegina und Angistri lauern Untiefen, und im Kanal von Poros ist es zum Festlandufer hin sehr seicht!

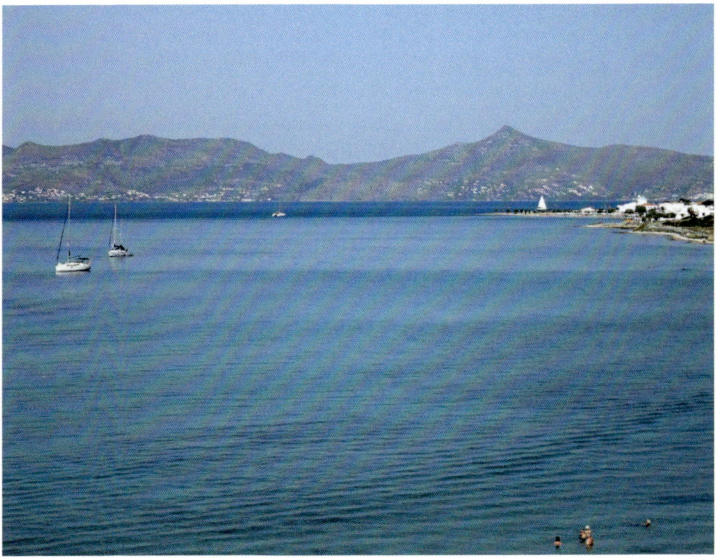

Zwischen Aegina und Angistri ist es stellenweise sehr seicht.

STECKBRIEF ATTIKAKÜSTE

Die auf drei Seiten vom Ägäischen Meer begrenzte Halbinsel Attika barg in der Antike das größte europäische Bergbaugebiet und bietet gute Möglichkeiten für einen Segeltörn in den Saronischen Golf und in die Kykladen. Zur Region Attika, in der noch heute in großem Stil Wein angebaut wird, gehören unter anderem die Städte Athen, Lavrion und Rafina. Schon allein aufgrund der Hauptstadt Athen ist die Region die bevölkerungsreichste Griechenlands, was Sie auch in den Yachthäfen bemerken, die vielerorts hoffnungslos überfüllt sind. Als Chartercrew haben Sie davon in der Regel aber keinen Nachteil, da die Plätze für zurückkommende Yachten am Wechseltag freigehalten werden. Athen liegt im Westen von Attika, Lavrion im Südosten der Landzunge. Die Westküste Attikas ist geprägt durch die dichte Besiedelung Athens, die Ostküste zeigt sich etwas lichter bebaut, beschauliche Ferien- und Fischerorte reihen sich an ihren Ufern. Im Süden öffnet sich die Halbinsel mit dem Kap Sounion zur offenen Ägäis.

Wichtige Häfen Zea-Marina, Alimos-Marina (Kalamaki), Hafen Lavrion

Highlights Hauptstadttour durch Athen, Spaziergang durch das Altstadtviertel Plaka, Sonnenuntergang am Kap Sounion und Besichtigung des Poseidontempels

Weitere Informationen: Reiseführer zu Athen, z. B. von Klaus Bötig, Dumont. Englischsprachige Infos unter www.visitgreece.gr oder www.thisisathens.org

Häfen und Buchten an der Attikaküste

Hafen Lavrion

Von seiner Lage an der östlichen Attikaküste eignet sich Lavrion als Ausgangshafen für Segeltörns in Richtung Kykladen und die Saronische Inselwelt. Wohl auch deshalb wandelte sich der große Hafen der Stadt in den letzten Jahren von einem Industrie- und Fährhafen mehr und mehr zu einem beliebten Startpunkt für Chartercrews. Die Ansteuerung des großen Hafens ist leicht, die Einfahrt zwischen beiden Wellenbrechern ist befeuert, allerdings ist das eher schwache Licht nicht immer gut auszumachen.

Die Charterschiffe und auch Gastyachten finden Platz am Kai des nordwestlichen Hafenteils und an der Außenmole des angrenzenden Fischerhafens. Das ausgebaute Südufer des großen Hafens dient den Frachtschiffen zum Anlegen. Chartercrews, die in Lavrion starten, werden bei ihrer Rückkehr kaum Probleme haben, einen Platz zu finden, da die Mitarbeiter der Charterbasen die Plätze an den Wechseltagen freihalten. Teilweise liegen Muringleinen aus. Wer den Hafen hingegen als Gastlieger anläuft, wird schnell feststellen müssen, dass es hier oft sehr eng zugeht. Besonders am Wochenende (Freitag/Samstag ist Wechseltag) ist meist kein Liegeplatz mehr zu ergattern. Alternativ können Sie auf die Olympic Marina südlich von Lavrion ausweichen.

Die meisten Crews von Charteryachten verlassen Lavrion umgehend nach ihrer Anreise, da es vor allen Dingen an den Wochenenden hektisch und sehr laut zugeht: Discomusik erschallt bis in die frühen Morgenstunden zum Yachtkai herüber.

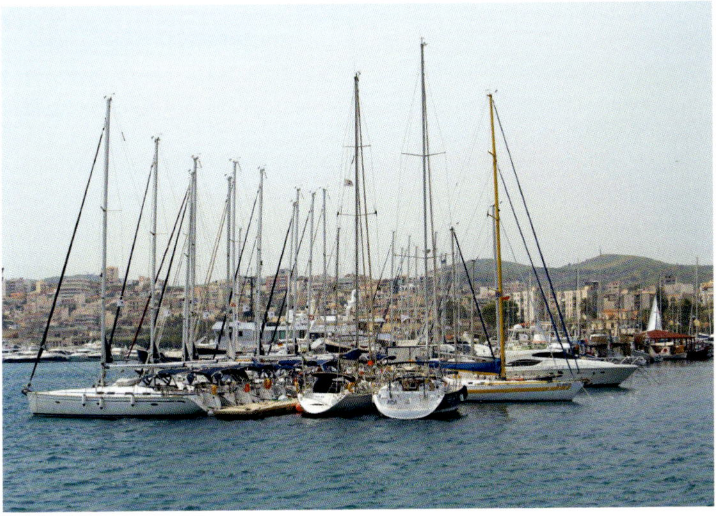

Im Hafen Lavrion geht es sehr lebendig zu.

Service und Versorgung Säulen für Wasser- und Strom stehen am zentralen Stadtkai, hierhin liefert auch der Tankwagen Diesel. Sanitäranlagen im eigentlichen Sinne fehlen, eine einfache Dusche und Toilette waren zuletzt in einem Container untergebracht. An den Plätzen der Charterfirmen liegen zum Teil Muringleinen aus. Bunte Fahnen am Kai markieren, wo sich die jeweilige Basis eines Unternehmens befindet.

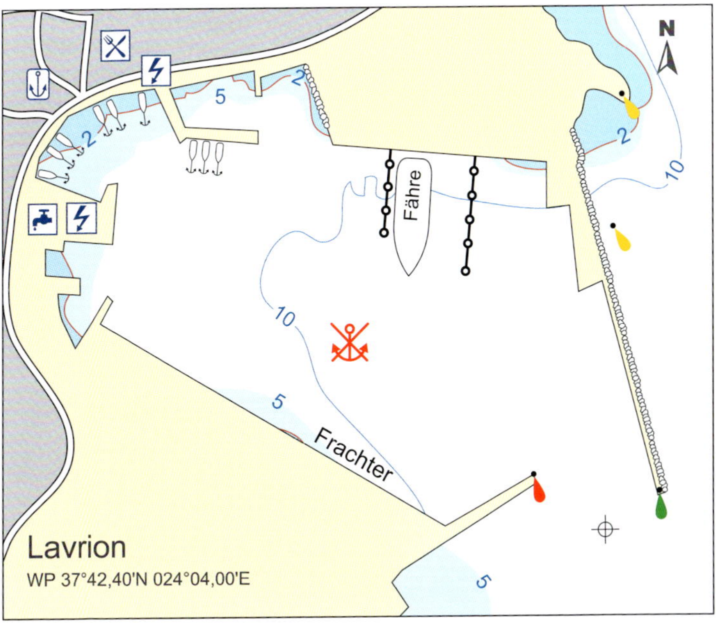

Zum Einkaufen von Proviant eignet sich Lavrion gut. Einige Fachgeschäfte und gut sortierte Supermärkte lassen kaum Wünsche offen. Für größere Einkäufe bieten manche Supermärkte auch einen Bring-Service ans Boot. Entlang der Promenade locken Tavernen und Cafés. Von Lavrion verkehren Fähren nach Kea und Kythnos und Busse nach Athen. Der Flughafen ist ebenfalls mit öffentlichen Verkehrsmitteln zu erreichen.

Landgang Lavrion mit seinen insgesamt 25 000 Einwohnern hat sich zwar in den letzten Jahren von einer reinen Industriestadt zu einem touristischen Segelzentrum gemausert – eine richtige Schönheit ist die kleine Stadt trotzdem nicht. Durch die Neugestaltung der Promenade wirkt ein Teil des Hafens aber freundlich und lädt zu einem griechischem Mokka in einem der zahlreichen gemütlichen Cafés ein.

In der Antike hieß nicht nur der Hafenort, sondern die ganze Umgebung Laurion (heute: Lavrion). Seit dieser Zeit wurde hier Bergbau betrieben. Die Silberminen des Laurion haben auch das alte Athen zu Reichtum gebracht. Rund um die Stadt finden sich eine Reihe verlassener Fabriken und Minen aus der Zeit des industriellen Silber-Bergbaus. Lavrion selbst bietet ein Museum für Archäologie, in dem Sie sich auch über die Ausflüge zu den alten Silberminen informieren können.

Kap Sounion

Die gegen den Meltemi gut geschützte Bucht an der südlichen Spitze der Attikahalbinsel ist ein beliebter Stopp für Chartercrews.

Die Ansteuerung gelingt einfach, da die Bucht, bis auf das Inselchen Archi und die Felsen in unmittelbarer Nähe der Küste, frei von Untiefen ist. Allerdings stehen bei starkem Nordostwind Fallböen in die Bucht.

Der Ankergrund hält eher schlecht, weil er zumeist aus Felsplatten besteht, der von Sand bedeckt ist. Deshalb gilt: Vor dem Landgang und einer Besichtigung des Poseidontempels muss der Ankerhalt gut geprüft werden! Zum Land hin hält der Anker ge-

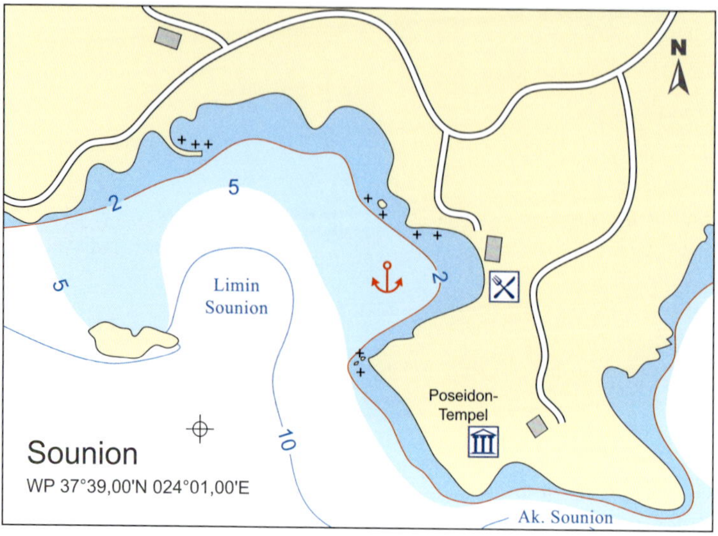

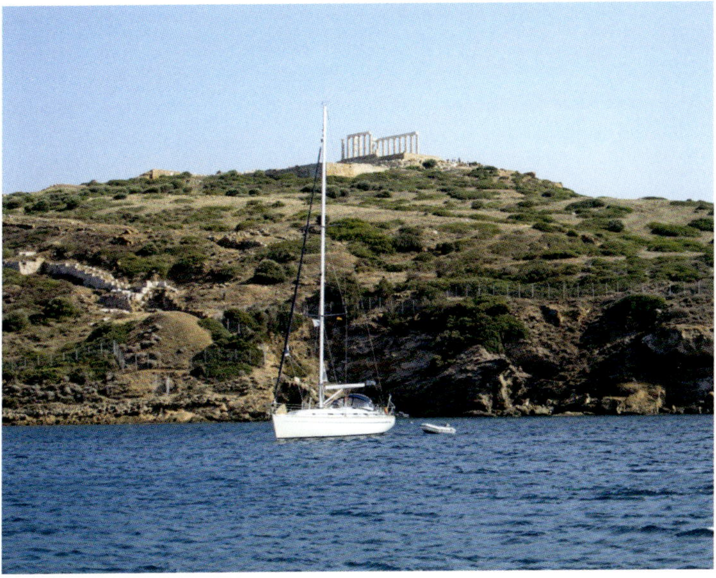

Selten liegt man hier so allein: Ankerplatz am Kap Sounion.

nerell etwas besser, was Yachten mit geringerem Tiefgang zugutekommt. Allerdings hat die Crew oft gar nicht die Qual der Wahl, sondern kann froh sein, überhaupt noch ein freies Plätzchen zum Schwojen zu ergattern: Besonders in der Hauptsaison ist die Bucht von Sounion rammelvoll, weshalb man so früh wie möglich ankommen sollte. Bei Windstille sorgt Schwell von vorbeifahrenden Handelsschiffen für große Unruhe in der sonst sehr ruhigen Bucht.

Versorgung und Landgang: Schon von Weitem kann man den herrlich gelegenen Poseidontempel (dem gleichnamigen Meeresgott gewidmet und im 5. Jh. v. Chr. aus Marmor erbaut) auf dem 60 m hohen Felsplateau ausmachen, der schon den Schiffen in der Antike einen Orientierungspunkt auf dem Weg nach Athen bot. Er kann in den Sommermonaten täglich von 9.30 bis 19.30 Uhr besichtigt werden, im Hochsommer ist es allerdings gerade zum Sonnenuntergang sehr voll. Nach der Besichtigung des Tempels lädt eine Taverne am Strand zu Speis und Trank.

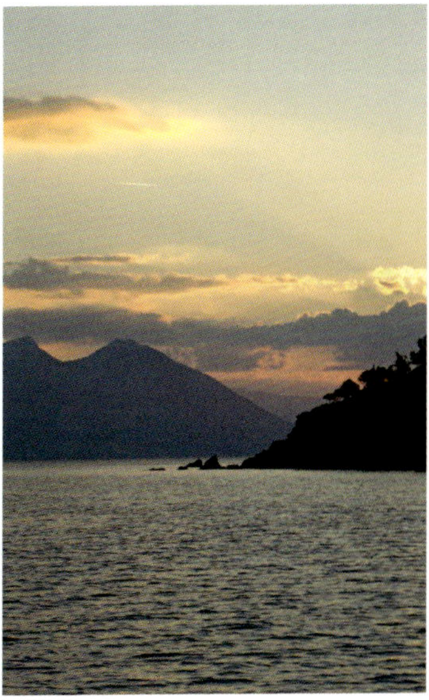

Wer den Rummel meiden will, besucht den Tempel nicht zum Sonnenuntergang.

Marina Alimos (Hafen Kalamaki)

Marinabüro, Tel. +30-210-9880003 oder 210-9833536, UKW-Kanal: 71.

Die Marina Alimos (auch Hafen Kalamaki genannt) ist mit rund 1000 Liegeplätzen eine der größten Marinas Griechenlands und wird von der staatlichen Tourismusgesellschaft betrieben. Hier liegt eine große Anzahl von Charteryachten, weshalb auch die meisten Törns von Kalamaki starten. Die Ansteuerung des Hafens bei Tageslicht ist einfach, nachts erfordert das Einlaufen durch die vielen Lichter der Hauptstadt einige Sorgfalt. Weiterhin halte man sich bei der Ansteuerung von Süden kommend gut vom Riff Agios Cosmas frei – besonders im Dunkeln kann man es schlecht ausmachen, auch wenn es befeuert ist.

Die Marina bietet rundum sichere Liegeplätze, die mit Muringleinen ausgestattet sind. Alle Charterfirmen verfügen über feste Liegeplätze für ihre Yachten. Ob ein Liegeplatz frei ist, erfahren Gäste beim Personal über UKW-Kanal 71.

Service und Versorgung Generell vorab: Wer in der Marina Alimos startet, darf zwar mit einer guten Infrastruktur für Yachten rechnen, für einen längeren Aufenthalt der Crew lädt die Marina aber nicht ein. Zwar gibt es Wasser und meist Strom an den Betonpiers, die öffentlich zugängliche Sanitäranlage – die einzige weit und breit! – ist aber oft in einem jämmerlichen Zustand und reicht hinten und vorne nicht für alle Kunden. Deshalb unser Tipp: Bordtanks mit Wasser befüllen und sich gleich ab Athen an die Borddusche gewöhnen!

Treibstoff wird per Tankwagen geliefert. Im östlich gelegenen Wohngebiet finden sich Supermärkte, Bäckerei und Obst- und Gemüseläden. Generell helfen die Charterfirmen bei der Beschaffung des Proviants. Im Stadtteil verstreut finden sich Tavernen und entlang der Küste führen die Strand-

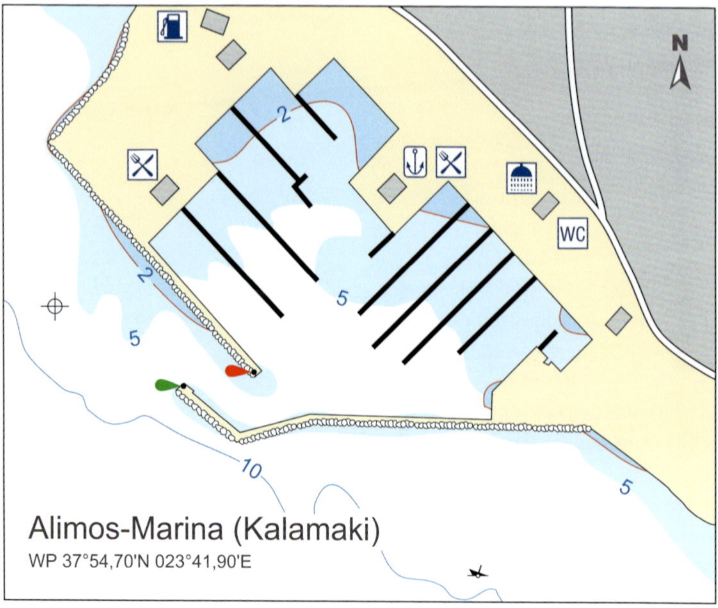

Alimos-Marina (Kalamaki)
WP 37°54,70'N 023°41,90'E

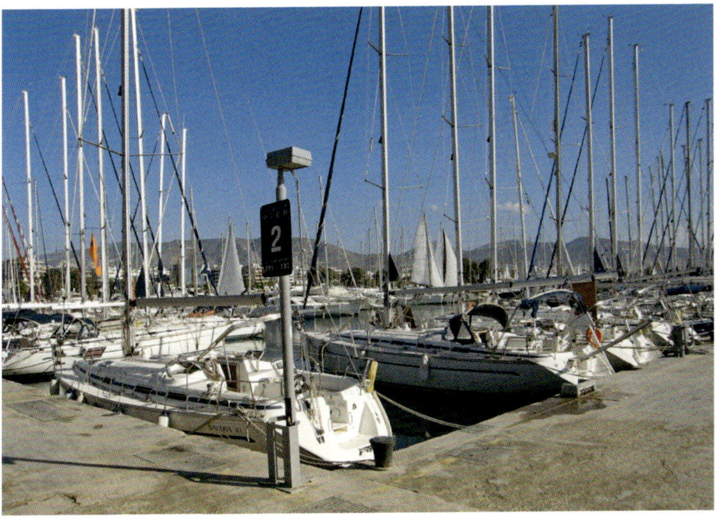

Für Chartergäste gibt es zum Glück feste Liegeplätze.

bars auch kleine Speisen auf der Karte. Da ständig neue Tavernen öffnen und alte schließen, fragen Sie am besten vor Ort nach einem Restauranttipp. Im Hochsommer verwandeln sich einige der Strandbars in Open-Air-Discos und beglücken die Hafenanlagen mit nächtlicher Musik – sicherlich ein weiterer Grund, warum Crews die Marina gerne noch am späten Nachmittag des Anreisetages verlassen und die erste Nacht vor Anker z. B. am Kap Sounion verbringen.

Busse und die Tram fahren die Attikaküste entlang Richtung Athen–Piräus, die Schnellbuslinie X96 verbindet die Marina direkt mit dem internationalen Flughafen »Eleftherios Venizelos«.

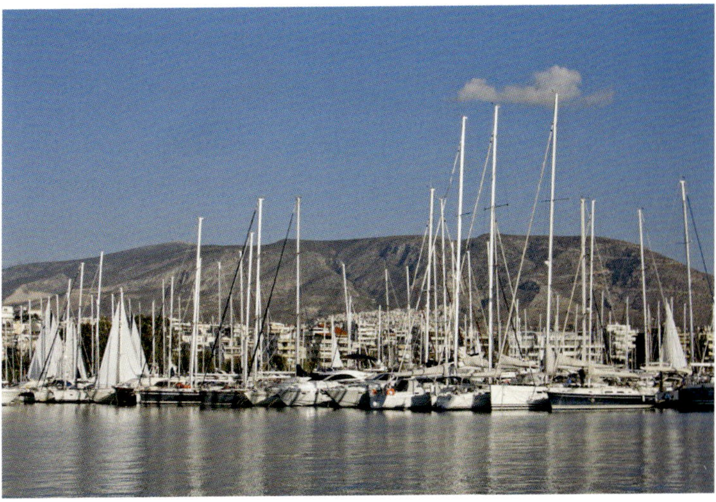

Bei Tageslicht ist die Ansteuerung der großen Marina einfach!

Zea Marina

Marinabüro: Tel. +30-210-4559000 und UKW-Kanal: 09; E-Mail: zea@medmarinas.com.
K&G Med. Marinas, Zea Marina, GR-185 04 – Piraeus Freatida, www.medmarinas.com.

In der Zea Marina mit Platz für rund 670 Yachten sind auch die Charterflotten von Sunsail und The Moorings stationiert. Gäste sollten vor der Einfahrt über Funk oder per Telefon erfragen, ob noch freie Plätze verfügbar sind. Die Ansteuerung tagsüber ist unkompliziert. Nachts machen jedoch die zahlreichen Lichter der Stadt eine Ansteuerung, wie überall in Athen, schwierig, obwohl die Einfahrt befeuert ist.

Die Liegeplätze für Kunden der Charterfirmen waren zuletzt im inneren Teil der Marina auf der Westseite angesiedelt. Jeder Platz ist mit Muringleinen ausgestattet. Gäste warten auf die Zuweisung eines Platzes nach Anmeldung über UKW-Kanal 09.

Service und Versorgung An jedem Liegeplatz stehen Wasser- und Stromanschlüsse zur Verfügung. Toiletten und Duschen finden sich nahe des Marinabüros. Weiterhin lockt ein Pool für eine kühle Erfrischung! So kann man in der Zea Marina einen entspannten Tag oder Abend verbringen und muss nicht gleich das Weite suchen, bevor die Erholung beginnt. Mitten in Piräus gelegen herrscht hier eine heitere Atmosphäre.

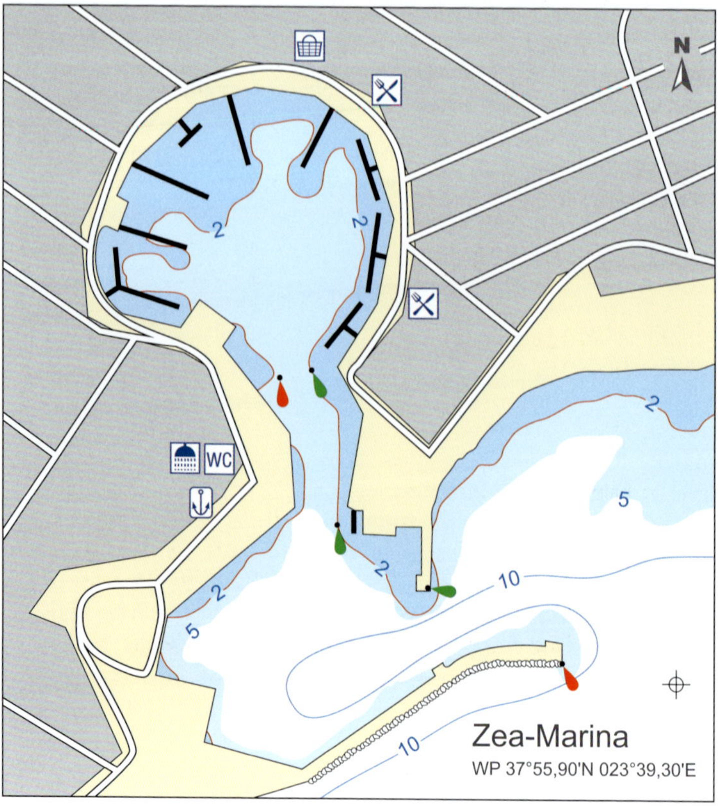

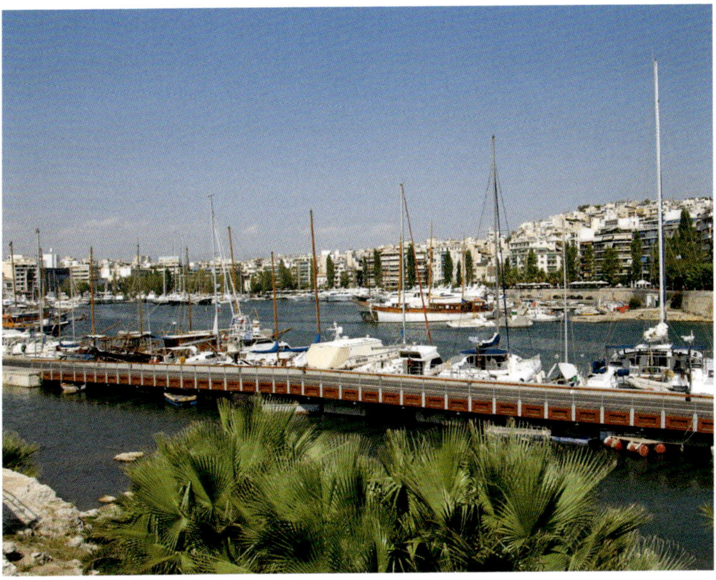

Die Zea Marina liegt mitten im Zentrum von Piräus.

Piräus bietet sämtliche Annehmlichkeiten einer Großstadt: beste Einkaufsmöglichkeiten, Theater, Hotels, unzählige Tavernen und internationale Restaurants. Rund um die Zea Marina gibt es einige Einkehrmöglichkeiten, etwa 1 km östlich offerieren die Fischtavernen um den »Mikrolimani« ihren Gästen noch mehr Auswahl. Ein großer Carrefour-Supermarkt liegt direkt am Hafen. Die Charterfirmen bieten aber auch einen Vorab-Einkaufsservice an.

Mit Tram und U-Bahn gelangt man in einer halben Stunde ins Zentrum Athens und damit zu Sehenswürdigkeiten wie der Akropolis, dem Nationalmuseum oder dem Museum für Kykladische Kunst. Zum Flughafen besteht Verbindung mit dem Bus X96 ab dem Fährhafen Piräus, den man mit dem Taxi in fünf Minuten erreicht.

Landgang Piräus ist der Hafen der Millionenstadt Athen und eine eigene Großstadt. Die ausführliche Beschreibung der griechischen Hauptstadt und der Hafenstadt Piräus würde in diesem Charterführer sicherlich den Rahmen sprengen. Einige kleine Tipps wollen wir Ihnen aber dennoch geben:

In Marinanähe bietet sich ein Besuch des Schifffahrtsmuseums (Hellinic Maritime Museum) auf dem Gelände der Zea Marina und des Archäologischen Museums (zehn Minuten Fußweg) an. Ein stimmungsvoller Spaziergang führt durch das alte Hafenviertel Pasalimani rund um die Zea Marina. Der Kiez verzückt hinter den modernen Hochhäusern, die eine ganz spezielle Kulisse abgeben, auch mit noblen Villen und älteren Wohnhäusern. Gemütlich klingt der Spaziergang bei einem Getränk in einer der Bars an der Uferpromenade aus.

Hier locken auch viele urige Ouzerien, in denen der Anisschnaps meist mit einem kleinen Imbiss (Mezedes) serviert wird.

Insel Salamis

Die Insel Salamis liegt sehr nah an Piräus, ist sehr dicht besiedelt und dient vielen Athenern als Naherholungsgebiet. Von Seglern wird sie eher selten angelaufen. Der Grund: Die Wasserqualität im Osten der Insel und im Inneren des Inselbogens ist sehr schlecht. Zudem dominiert im Seegebiet östlich von Salamis und rund um den Hafen von Piräus die Berufsschifffahrt, unzählige Schiffe und große Frachter liegen im Südosten der Insel auf Reede. Es gelten besondere Befahrungsregeln. Ohne echte Notwendigkeit muss man sich dort nicht aufhalten.

Einzig die **Buchten an der pinienbestandenen Südküste** können als willkommener Stopp dienen, beispielsweise dann, wenn sich auf dem Rückweg nach Athen auf Aegina gar kein freies Plätzchen mehr ergattern lässt. Hierfür eignen sich die Buchten **Ormos Kanakia** (37°45,0'N 023°24,1'E) im Südwesten der Insel oder **Ormos Kolones** (37°52,6'N 023°27,4'E) und **Ormos Peristera** (37°52,9'N 023°28,2'E) etwas weiter östlich gelegen. Bei der Ansteuerung achte man jeweils auf Felsen, Steine und Untiefen, von denen es rund um Salamis nur so wimmelt.

Auch der **Inselhafen** mit Yachtzone am Ostende des **Ormos Salaminas** (37°57,6'N 023°29,4'E) bietet sich als Alternative an. Die Einfahrt ist frei von Untiefen und problemlos möglich, einzig vor dem Sperrgebiet am Ölverladeplatz ist Vorsicht geboten. Im südlichen Teil des großen Hafens gibt es eine Yachtzone, an manchen Stellen liegen Muringleinen aus. Das etwa 1 km entfernte Zentrum bietet gute Versorgungsmöglichkeiten.

Bekannt ist die Insel für die Seeschlacht aus dem Jahr 480 v. Chr., bei der es den Griechen gelang, die persische Kriegsflotte nahezu komplett zu versenken. Heute dient Salamis der griechischen Marine als Hauptquartier.

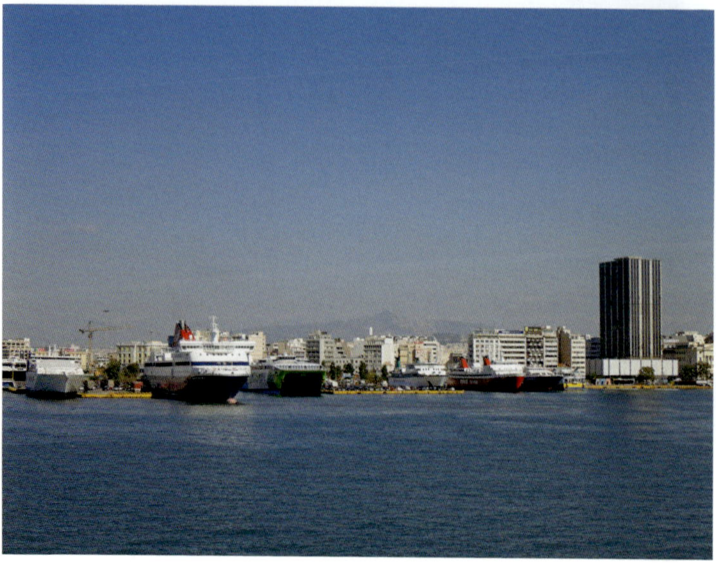

Salamis ist nur einen Katzensprung vom Hafen Piräus entfernt.

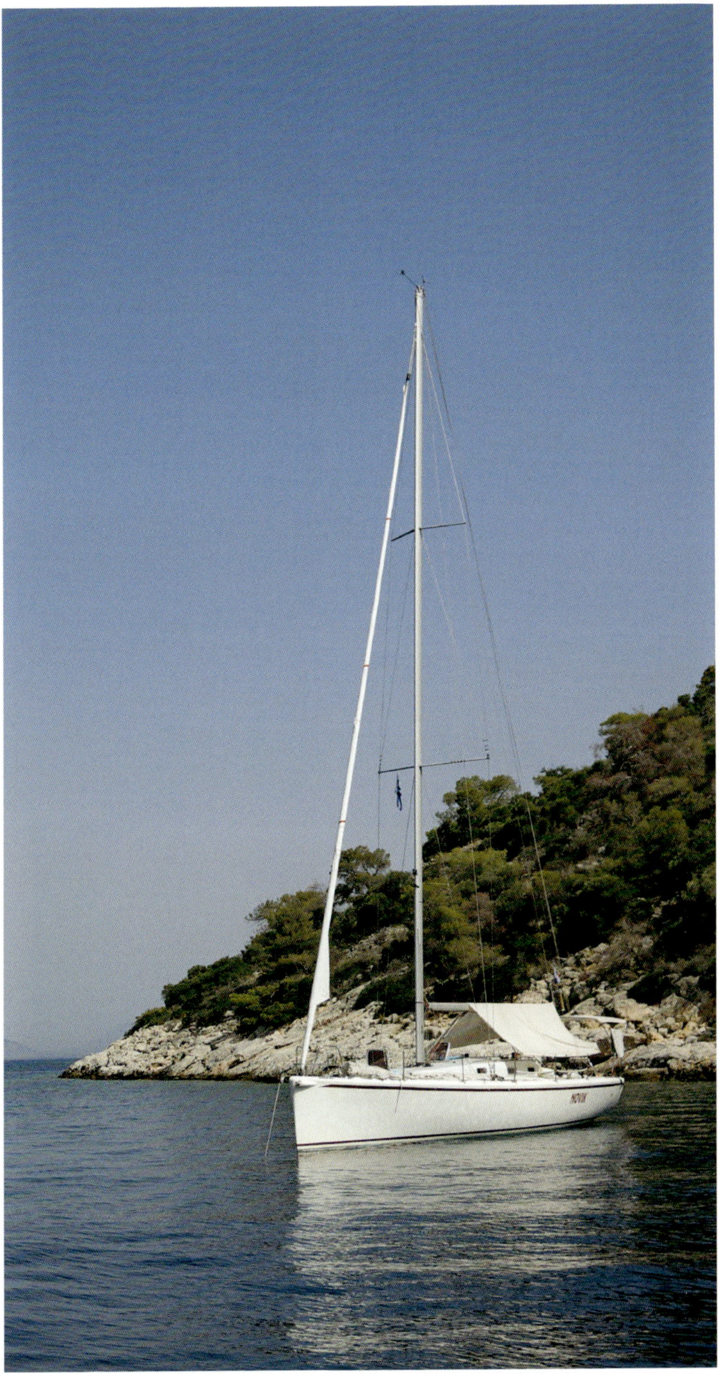

Nah der überlaufenen Attikaküste locken einsame Buchten auf Angistri.

INSELSTECKBRIEFE AEGINA, ANGISTRI UND MONI

Größe und Geografie Aegina ist mit einer Fläche von rund 87 km² und rund 13 500 Einwohnern nach Salamis die zweitgrößte der Saronischen Inseln und lädt bei einem längeren Stopp zu ausgedehnten Landausflügen ein. Zwar ist der höchste Berg *Oros* mit 530 m kein Riese, doch zeigt sich die hügelige Landschaft im Inselinneren und entlang der lieblichen Küsten abwechslungsreich. Die an ein Dreieck erinnernde Insel gehört neben Methana und Poros zu den aktiven Vulkanen des Ägäischen Inselbogens. Den kargen Süden der Insel überzieht Lavagestein, der Norden ist reich an fruchtbaren Böden: Hier werden im Hinterland Pistazien, Oliven und Wein angebaut. Weil Aegina kaum über natürliche Frischwasservorkommen verfügt, versorgen Wassertankschiffe vom Festland die Insel mit dem wertvollen Gut.

Im Nordwesten der Insel liegt Aegina Stadt mit ihrem beliebten Hafen für Segler, im Südwesten lockt der Fischerhafen Perdika. An der Ostküste gibt es nur wenige geschützte Plätze, einzig im Ormos Agia Marina kann die Crew den Anker vor dem gleichnamigen Touristenort setzen.

Nicht viele internationale Touristen – Segelcrews aus aller Herren Länder einmal ausgenommen – verirren sich auf die Insel. Nur der Badeort Agia Marina gilt als Touristenzentrum, besonders für britische Urlauber. Die Bewohner leben hauptsächlich vom Wochenend-Tourismus aus Athen und vom Anbau der Pistazien, der etwa drei Prozent der weltweiten Produktion ausmacht. Auf ganz Aegina kann man die Früchte zur Erntezeit im Sommer röstfrisch genießen.

Gegenüber von Perdika (Aegina) liegt das klitzekleine Eiland **Moni**, das nur von Pfauen, Kaninchen und Hirschen bewohnt wird und einige schöne Tagesankerplätze bietet. Ein Badestopp lässt sich fein mit einem kleinen Spaziergang durch die waldreiche Landschaft verbinden.

Aeginas kleine **Schwesterinsel Angistri** besticht durch klares Wasser, kiefernbestandene Hügel und Täler sowie herrliche Strände entlang ihrer teils tief einschneidenden Küsten. Mit 13 km² Größe und einer maximalen Höhe von knapp 300 m ist sie die kleinste bewohnte Saronische Insel und bei Wanderern und Individualtouristen beliebt. Die rund 1000 ständigen Einwohner leben in den Inselorten Skala und Megalochori (auch Milos genannt) im Norden der Insel, Haupteinnahmequelle ist der Sommertourismus. In der Nebensaison herrscht auf dem sympathischen Inselwinzling wohltuende Ruhe.

Wichtige Häfen Hafen Aegina Stadt (Aegina), Fischerhafen Perdika (Aeginia), Hafen Megalochori / Milos (Angistri).

Highlights Leihwagentour über Aegina mit Besuch des Aphaia-Tempels, der Ruinenstadt Paliochora und dem Kloster Agios Nektarios, gemütliche Einkehr in eine Fischtaverne im Hafen von Perdika, Wanderung oder Mountainbike-Tour rund um Angistri.

Weitere Infos
www.aeginagreece.com,
www.aegina.com.gr,
www.agistri.com.gr,
www.insel-agistri.de. ■

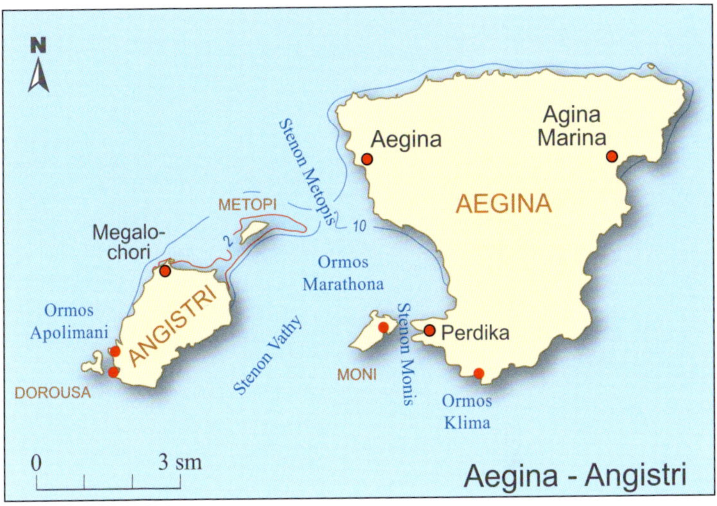

Aegina Buchten und Häfen

Aegina ist nur einen Katzensprung von der Attikaküste entfernt und für Yachten meist das erste Ziel auf dem Weg durch den Saronischen Golf. Entlang der Westküste liegen neben Ankerbuchten auch die beiden **Inselhäfen Aegina Stadt** und **Perdika**, die Schutz bei fast jedem Wetter bieten. Im Süden der Insel laden einige reizvolle Ankerbuchten auch zur Übernachtung ein, während die Ost- und Nordküste der Insel von Seglern nicht oft besucht wird. Im Norden können Sie bei südlichen Winden vor dem Hafen Souvala ankern; bei westlichen Winden oder ganz ruhigem Wetter bietet **Ormos Agia Marina** an der Ostküste den Seglern Schutz.

Achtung! An der Westküste der Insel und insbesondere zwischen Aegina, der Felseninsel Metopi und Angistri ist es stellenweise sehr flach.

Hafen Aegina

Dieser im Nordwesten der Insel gelegene und sehr hübsche Haupthafen bietet Anlegemöglichkeiten für Yachten bei jeder Wetterlage. Die Ansteuerung des Hafens muss sorgfältig erfolgen, Riffe und ausgedehnte Flachs erstrecken sich sowohl nördlich als auch südlich des Hafens. Insbesondere bei der Ansteuerung von Süden kommend, halte man sich gut von der Küste frei, weil hier die Wassertiefe wegen Sandbänken stellenweise nur 1m beträgt. Das Flach südlich der Hafeneinfahrt markiert eine rote, befeuerte Tonne, die mit Abstand umfahren werden muss. Nachts hilft die Befeuerung bei der Hafeneinfahrt, die selbst frei von Untiefen ist.

Im Süden des Stadthafens ist vor Jahren eine Marina gebaut worden, deren gut geschützte Plätze aber ausschließlich an Festlieger vergeben werden. Yachten machen stattdessen mit dem eigenen Anker am Nordkai des Stadthafens fest. Die Schnellfähren verursachen ordentlich Schwell, weshalb man die Yacht mit etwas Abstand zum Kai festmacht. Am Wochenende empfiehlt es sich, spätestens bis zum frühen Nachmittag zu kommen, weil die Plätze schnell belegt sind.

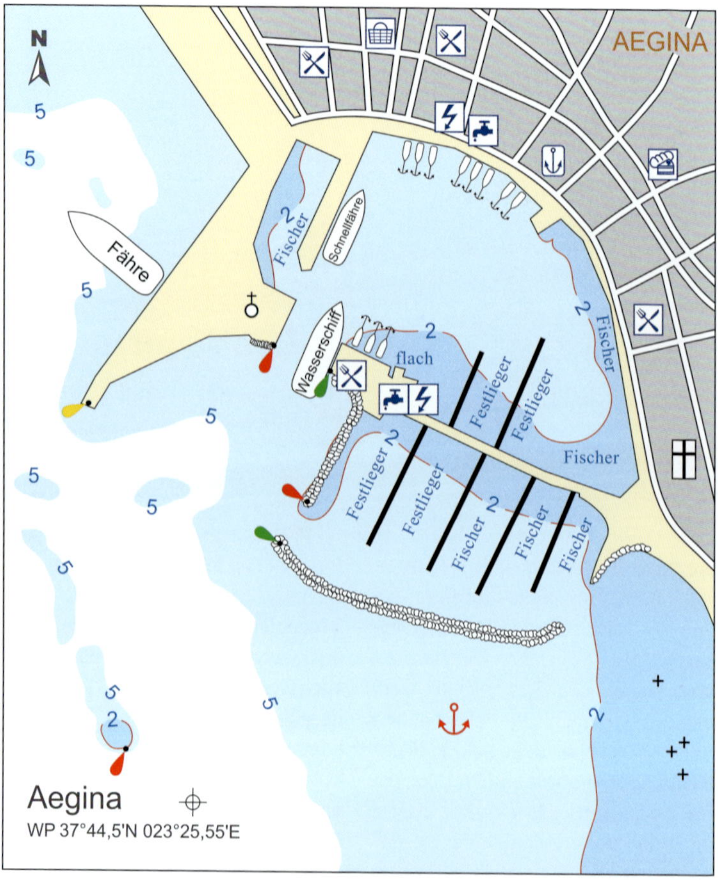

Sind stärkere südliche Winde gemeldet, liegt man besser am südlichen Kai beim Yachtclubrestaurant. Die Plätze an den beiden Schwimmstegen sind fast alle fest vergeben und sollten nur als Notlösung in Betracht gezogen werden, weil man immer damit rechnen muss, den Platz wieder verlassen zu müssen. Hier liegen auch die Schulungs- und Charteryachten der *Aegean Sailing School*, die von der britischen Royal Yacht Association betrieben wird (siehe Seite 25 bei Charterunternehmen).

Service und Versorgung: Boxen für Wasser- und Strom stehen am Kai, die Karten dafür erhält die Crew im Gebäude der Hafenkasse an der Promenade. Guthaben auf der Karte kann auch in Perdika und auf Angistri weitergenutzt werden. Treibstoff kommt per Tankwagen. An der Promenade und an beiden Stränden laden Tavernen, Eisdielen und Cafés zu Speis und Trank. In den Gassen der zweiten Reihe treffen sich die Einheimischen zum Essen, z.B. in den beiden einfachen Fischtavernen rund um die Fischhalle oder im kretischen Restaurant *Kriton Gefsis*, in dem es uns auch gut geschmeckt hat. Eine ganz gemütliche und günstige Souvlakeri (ein Grill-

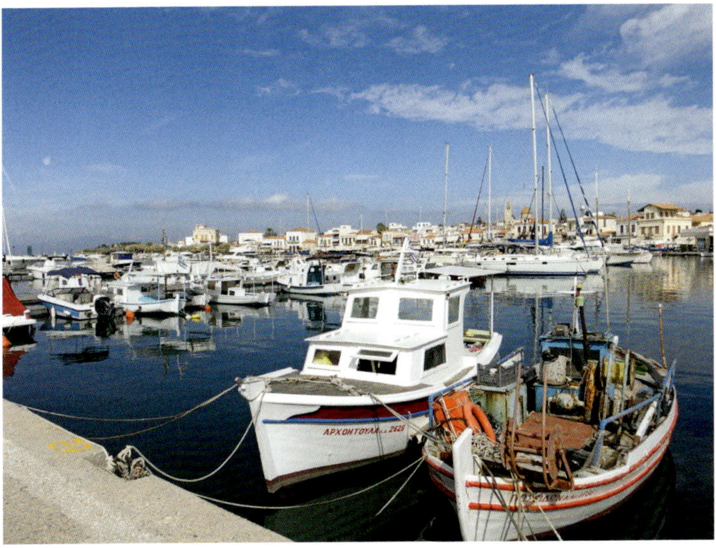

Die Plätze im geschützten inneren Hafenteil sind meist alle belegt.

Imbiss) wartet am westlichen Ende der zweiten Reihe auf hungrige Gäste. Im *Klemataria* sitzt man lauschig unter einer weinbewachsenen Pergola.

Aeginas Hauptstadt bietet perfekte Einkaufsmöglichkeiten: In den Gassen nah des Hafens gibt es gut sortierte Mini-Märkte, Bäckereien und Fachgeschäfte, auch für Bootszubehör. Die größeren Supermärkte liegen etwas außerhalb des Ortskerns an den Ausfallstraßen. Eine kleine Attraktion sind die Gemüse-Boote, die frisches Obst und Co. am Hafen direkt vom Boot verkaufen. Und natürlich reihen sich die Stände der Pistazienerzeuger entlang des Hafens, empfehlenswert sind auch karamellisierte Pistazien oder feine Cremes aus der nussigen Frucht. Banken mit EC-Automaten finden sich in der Hafenstadt ebenso wie Roller- und Autoverleihe. Busverkehr besteht unter anderem mit Perdika, Agia Marina und Souvala. Aegina Stadt eignet sich deshalb besonders gut als Ausgangsstation für Inselerkundungen. In den Reisebüros oder bei den Autovermietern erhält man Inselkarten und weitere Infos.

Landgang: An der langen Hafenpromenade der 8000 Einwohner zählenden Stadt spielt sich das pure Leben ab, besonders an den Wochenenden herrscht hier ziemlich viel Trubel. Im

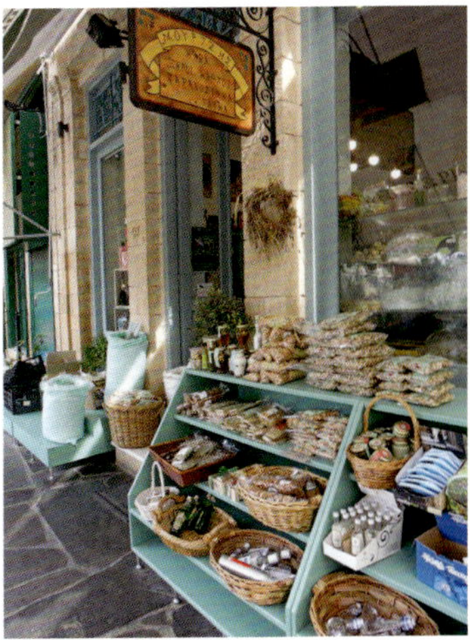

Nirgendwo frischer zu bekommen: Pistazien direkt nach der Ernte.

Sommer wird ab 21 Uhr die Straße mit ihren neoklassizistischen Gebäuden in Okker- und Pastelltönen entlang der Promenade für den Verkehr gesperrt, und die kleine Meile wird für die abendliche *Volta* (griechisches Flanieren und Spazieren) eröffnet. Ebenso gemütlich schlendert es sich durch die Gassen der zweiten und dritten Häuserreihen mit ihren Souvenirläden, kleinen Bars und Geschäften. Je weiter man sich vom Hafen entfernt, desto ursprünglicher geht es zu. Hier können Sie tief ins griechische Alltagseben eintauchen. Ein schöner Abendspaziergang führt zum **Kolona-Hügel** am nördlichen Stadtrand, auf dem die Reste eines Dorfes aus der Antike und die Ruinen eines Apollon-Tempels liegen. Die Tempelruine sieht man schon in Form einer einzelnen Säule bei der Ansteuerung von Aegina. Das Gelände auf der Landspitze ist nicht immer frei zugänglich, weil die Ausgrabungsarbeiten noch andauern. Das Museum auf dem Gelände ist aber täglich außer montags von 8 bis 15 Uhr geöffnet.

☛ Unser Tipp: Kleine Rundfahrt durch den Inselnorden

Für Crews, die schon mittags in Aegina ankommen, lohnt es sich auch, ein Auto für einen halben Tag zu mieten und den Inselnorden zu erkunden. Die Strecke entlang der Küstenstraße über Souvala und Vaia zum ***Aphaia-Tempel*** *ist wunderschön. Der imposante Tempel, der auf einer kiefernbestandenen Felskuppe im Nordosten der Insel thront, wurde bereits 480 v. Chr. erbaut und zählt mit seinen dorischen Säulen zu den guterhaltenen Tempeln in Griechenland. Im Museum des Heiligtums erfährt der Besucher mehr über die Geschichte der Kultstätte (der Tempel ist täglich von*

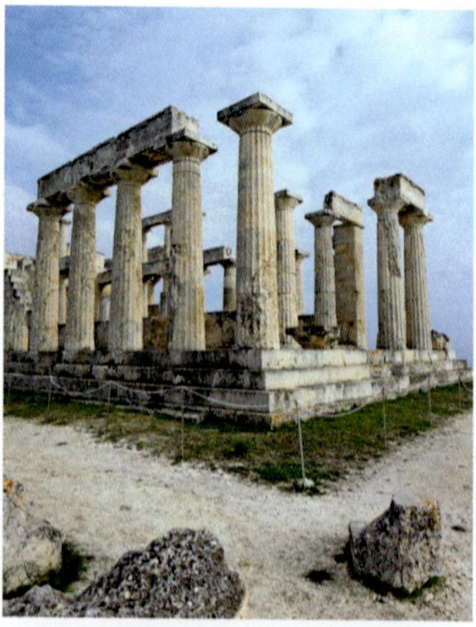

Eine wunderschöne Strecke führt zum Aphaia Tempel.

9:30 bis 16:30 Uhr geöffnet, das Museum öffnet täglich außer montags von 10:30 bis 13:30 Uhr seine Türen).
Durch die bergige Landschaft führt eine Straße vom Tempel über das Töpferdorf Mesagros zum modernen ***Kloster des heiligen Nektarius (Agia Nektarios)****, das mit seiner mächtigen Kuppelkirche etwas protzig in der sonst heimeligen Landschaft heraussticht. Besucher sind in angemessener Kleidung zur Besichtigung willkommen.*
Nur einen Kilometer entfernt ziehen sich die verstreuten Häuserruinen von ***Paleochora****, der alten Hauptstadt der Insel, den Hügel hinauf. Zum Schutz vor Piraten bauten die Inselbewohner Griechenlands ihre Städte und Dörfer damals lieber auf Hügeln und Bergen, die vom Meer aus nicht so leicht zu entdecken waren. Ein Spaziergang den Hügel hinauf führt entlang von kräuterbewachsenen Häuserruinen und mehreren Dutzend Kirchlein und mit Fresken bemalten Kapellen, die teils zugänglich sind. Von oben können Sie einen schönen Blick über die Insel bis Angistri genießen.*

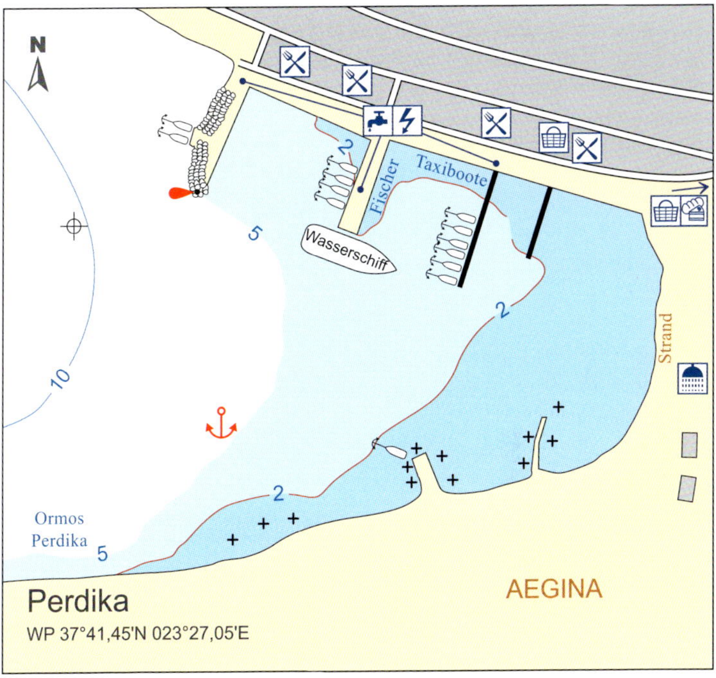

Hafen Perdika

Der idyllische Fischerhafen Perdika (3,5 sm südlich vom Stadthafen gelegen) ist bei Seglern sehr beliebt und zieht mit seinen gemütlichen Fischtavernen und feinem Sandstrand Urlauber und Wochenendausflügler magisch an.

Bei der Ansteuerung von Nord macht sich zwischen der Insel Moni und dem Kap Perdika eine leichte Düsenwirkung bemerkbar, und es bläst hier bei nördlichen Winden etwas stärker. Die Einfahrt des Hafens ist frei von Untiefen. Yachten legen üblicherweise an der Westseite der zweiten Pier oder am ersten Schwimmsteg mit dem eigenen Anker an. Das Anlegen am Schwimmsteg erfordert eine Tripleine, weil die Murings der heimischen Fischerboote mitsamt ihren Ketten den Grund unrein machen. Zum Glück ist das Wasser im Hafen so klar, dass die Crew mit Blick auf den Grund meist eine freie Stelle findet, um den Anker fallenzulassen. Man kann auch in der Bucht auf 3–5 Wassertiefe ankern; allerdings ist auf ausreichend Raum für die Manöver des Wasserschiffes zu achten, dem ein fester Liegeplatz im Hafen gehört (siehe Plan).

Service und Versorgung: An der Betonpier stehen Wasser- und Stromsäulen, die per Chipkarte benutzt werden können. An der Wurzel des Schwimmsteges gibt es ebenfalls Wasser und Strom, allerdings nur mit sehr langem Schlauch bzw. Kabel. Der Tankwagen für Diesel kommt in der Hauptsaison morgens und abends. Die Hafenfront wartet mit Mini-Markt mit Obst und Gemüse auf (hier auch empfehlenswert: süßes und pikantes Pistazienmus), außerdem gibt es einen größeren Mini-Markt Richtung Ortschaft, die etwa 1 km entfernt oben auf dem

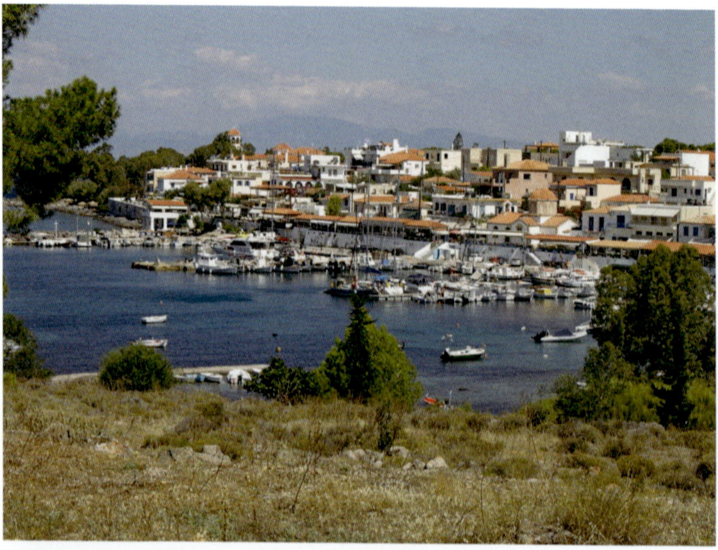

In Perdika geht es, außer an den Wochenenden, noch entspannt zu.

Hügel liegt. Dort finden Sie auch eine Bäckerei und weitere Einkaufsmöglichkeiten. An der Wasserfront reiht sich eine Fischtaverne an die nächste – hier ist für jeden Geschmack das Richtige dabei!

Landgang: Die pittoreske Hafenmeile hat außer süßen Häusern, bunten Fischerbooten und ihren Fischtavernen nicht viel zu bieten, es herrscht eine herrlich entspannte Stimmung. Ein schöner Spaziergang führt am familienfreundlichen Sandstrand (im Sommer gepflegt und mit Dusche) entlang über die südliche Landzunge, von der man schöne Blicke hinüber zur Insel

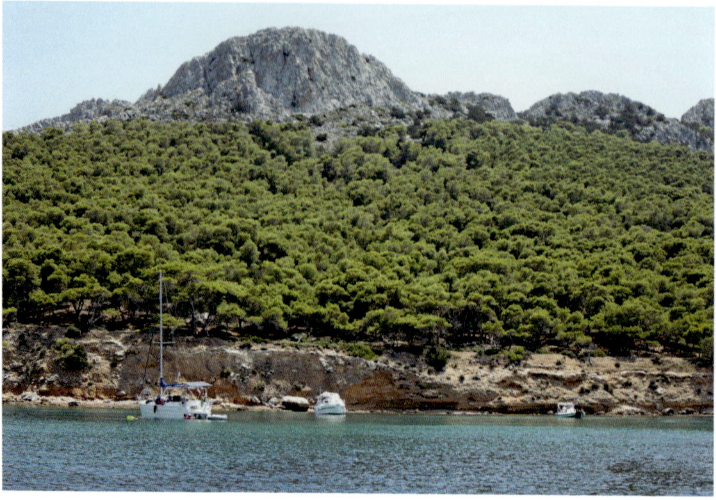

Die Insel Moni lädt zum Badestopp ein.

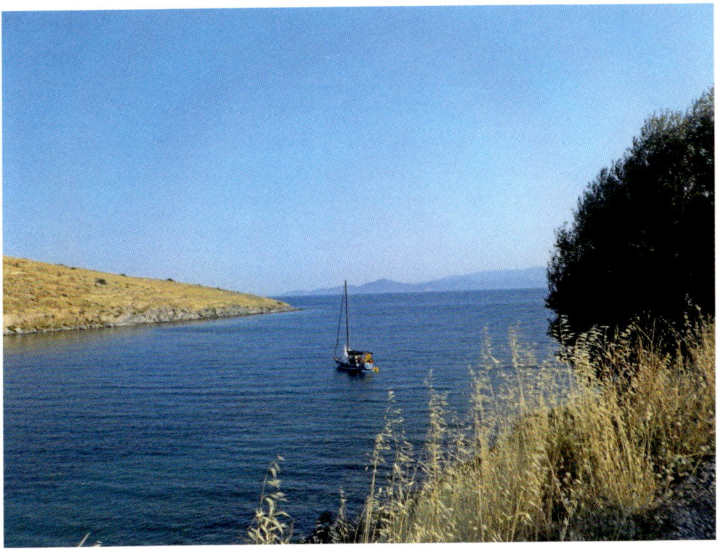

Ormos Klima lockt mit gutem Ankerhalt und tollen Schnorchelmöglichkeiten.

Moni genießt. Das runde Gebäude am Ende der Landspitze beherbergt Griechenlands erste *Camera Obscura,* die einen 360-Grad-Rundumblick ermöglicht. Leider war sie bei unserem letzten Besuch im Sommer 2017 nicht zugänglich.

Unser Tipp: Abstecher zum Baden auf der Insel Moni

An der Nordküste der Insel Moni lädt eine herrliche Ankerbucht (37°41,4'N 023°26,3'E) für einen Bade- und Schnorchelstopp ein. Das Wasser über dem weißen Sand ist herrlich klar, und am Strand öffnet im Sommer eine Taverne. Allerdings ist dieses Idyll kein Geheimtipp, in der Hochsaison wird's entsprechend voll! Außerhalb der Sommersaison ist die Insel nicht bewohnt – nur Kaninchen, Hirsche, Pfauen und Ziegen sagen sich hier »Gute Nacht«. Wer selbige in der Bucht verbringen möchte, muss auf ruhiges Wetter warten, da die Bucht nach Norden komplett offen ist.

Weitere Buchten auf Aegina

An der Südküste von Aegina liegen drei gegen Nordwind gut geschützte Ankerplätze.

Die mittlere Bucht, **Ormos Klima** (37°40,6'N 023°28,6'E; in manchen Seekarten ohne Namen), schneidet am tiefsten ins Land ein und bietet auch bei leichten südöstlichen Winden noch Schutz. Yachten ankern vor dem herrlichen Strand (eine Beach-Bar öffnet im Sommer) auf 6–8 m Wassertiefe und einer Leine zu den Felsen an Land. Am östlichen Ufer liegen nah des Strandes Felsen am Grund, weshalb man ausreichend Abstand zum Strand hält. Ist der Anker gefallen, nichts wie rein ins Wasser! Im östlichen Teil der Bucht lohnt es sich, die Taucherbrille aufzusetzen und eine Runde zu schnorcheln – wir haben hier schon die buntesten Fische gesehen! Einziges Manko: Am Wochenende wird es meist proppenvoll, große Motoryachten aus Athen übernehmen das Regiment, bevor am

Sonntagabend wieder Ruhe einkehrt. An der Ostküste von Aegina kann die Crew bei westlichen Winden oder ganz ruhigem Wetter auch die Bucht **Ormos Agia Marina** (37°44,5'N 023°32,3'E) anlaufen und den Anker auf 4–5 m Wassertiefe auf sandigen Grund fallen lassen. Etwas Schwell steht immer in die weit offene Bucht und in der Sommersaison ist der wenig charmante Touristenort Agia Marina sehr überlaufen. In der Nebensaison lockt vielleicht der schöne Sandstrand die eine oder andere Crew hierher.

Angistri: Buchten und Häfen

Die freundliche Schwesterinsel Angistri, die westlich von Aegina liegt, besticht durch grüne Pinienwälder, die die schöne Buchten zauberhaft umschmeicheln. Der einzige für Yachten nutzbare Hafen ist Megalochori (auch Milos genannt) im Nordwesten der Insel. Der Hafen von Skala ist für Yachten zu flach und der Kai muss für Fähren freigehalten werden. Rund um die Insel locken viele zauberhafte Buchten, die im Folgenden beschrieben werden.

Bei der Ansteuerung der Insel muss die Crew sehr sorgsam nach Seekarte navigieren – besonders rund um Skala und nah der kleinen Insel Metopi wimmelt es von Sandbänken und Flachs, stellenweise unter 1 m tief.

Hafen Megalochori (Milos)

Der beschauliche Hafenort Megalochori mausert sich in den letzten Jahren zu einem begehrten Seglertreff, der auch bei Flottillen beliebt ist. Die Ansteuerung des Hafens von Westen ist leicht, die Einfahrt befeuert. Einzig die Passage von Osten kommend erfordert erhöhte Aufmerksamkeit der Crew: Weit in den Stenon Angistri zwischen Angistri und Insel Metopi ziehen sich Untiefen und Flachs. Die Passage zwischen beiden Inseln erfolgt am besten unter sorgfältigem Loten mit einem Ausguck am Bug.

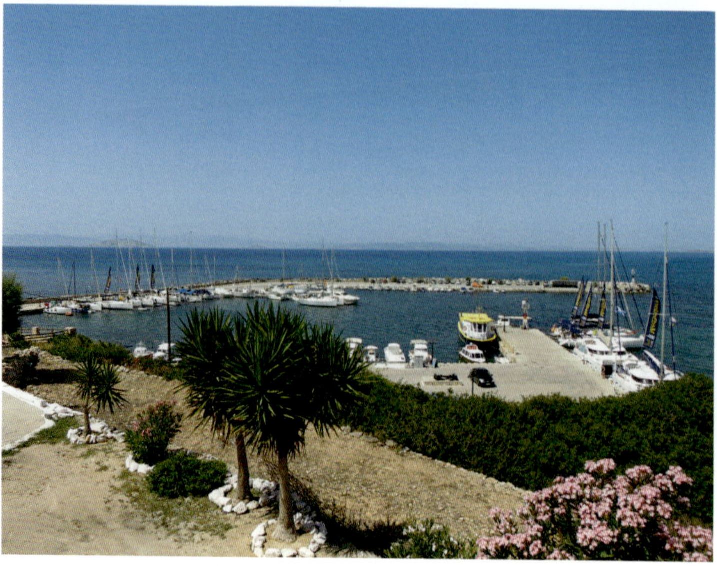

Beschaulich geht es im Hafen Megalochori zu.

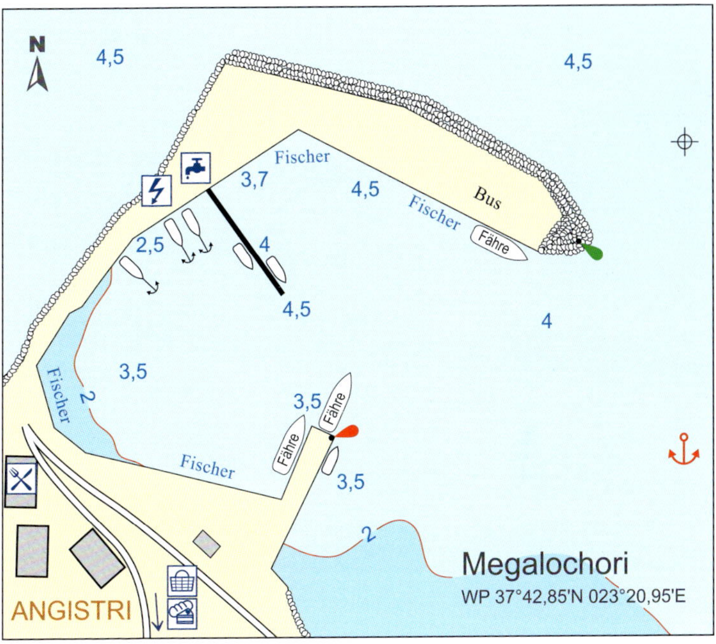

Alternative: Sofern Sie das Revier noch nicht gut kennen, passieren Sie Metopi mit deutlichem Abstand nördlich und drehen dann nach Milos ab.

Im kleinen Hafen liegen Yachten mit eigenem Anker am Kai oder längsseits am Schwimmsteg. Es lässt sich meist ein Plätzchen finden, wenn nicht gerade eine Flottille im Anmarsch ist; diese besuchen den Hafen ein- bis zweimal die Woche – an diesen Tagen ist es rappelvoll und es geht sehr trubelig im sonst so beschaulichen Hafen zu.

Zum Schutz im Hafen: Weil die Einfahrt nach Osten offen ist, wird es bei den oft üblichen nordöstlichen Winden etwas ungemütlich im Hafenrund. Deshalb: Milos besser bei leichten oder südlichen Winden anlaufen!

Service und Versorgung: Entlang des Kais stehen Wasser- und Stromsäulen, die auch mit dem Kartenguthaben aus Aegina genutzt werden können. Die Fischtaverne (beliebt auch bei Einheimischen) und das heimelige Café direkt oberhalb des Hafens verkaufen aber auch neue Chipkarten. Ein Tankwagen liefert Treibstoff.

Im kleinen Dorf Milos oberhalb des Hafens gibt es zwei Mini-Märkte; über das bessere Sortiment, auch an frischem Obst und Gemüse, verfügt der Markt, der nah bei der Kirche liegt. Wenn Sie die Straße etwas weiter gehen, werden Sie auch eine Bäckerei und eine gute Pizzeria (nur im Sommer geöffnet) entdecken. Auf dem Weg zum Dorf laden zwei Pensionen mit Poolbar zum ungesalzenen Badespaß, eine davon (*Yachtclub Jamaica*) bietet auch warme Duschen für Segler.

Vom Hafen besteht eine Busverbindung mit Skala (immer wenn eine Fähre kommt, fährt auch ein Bus). In Skala (etwa 1,5 km Fußweg) und auf dem Weg dorthin locken weitere Tavernen und feine Sandstrände, außerdem gibt es dort einen EC-Automat.

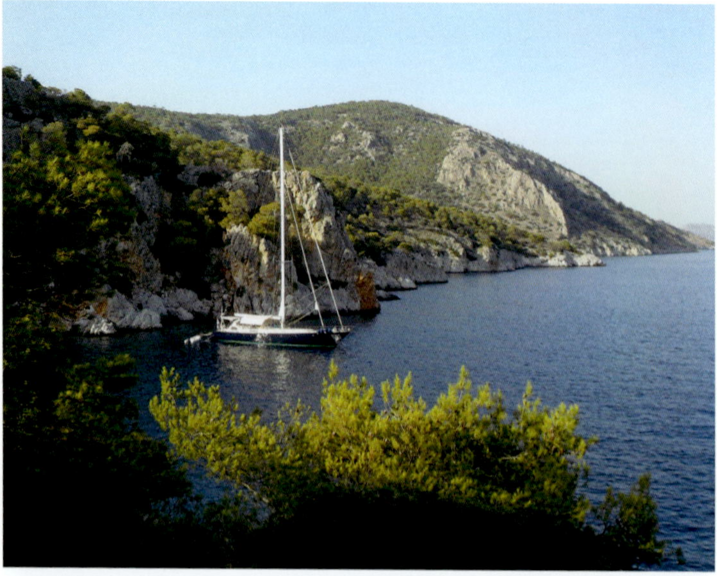

Landleinen zum Felsen sorgen für guten Ankerhalt an Angistris felsigen Küsten.

Landgang: Im kleinen Örtchen kann die Crew Fahrräder und Roller mieten. Die grüne Insel eignet sich gut für Wanderungen und Fahrradtouren. Auch geführte Tauch- und Schnorchelexpeditionen sind von Milos aus möglich (Tauchschule Interdive, www.interdive.gr). Nah am Hafen laden schöne Sandstrände zum Baden ein, im Sommer mit Liegestühlen von den Strandbars. In Skala lockt die Kirche Agioi Anargiroi, die mit ihrer markanten Kuppel schon von Weitem sichtbar und per Pedes entlang der Küstenstraße gemütlich in einer Viertelstunde erreicht ist.

Weitere Buchten auf Angistri

Der Seekarte entnimmt die Crew schnell, dass rund um die Insel einige Tages- oder Schönwetterankerplätze locken. Deshalb entscheiden Sie einfach je nach Gusto und Windverhältnissen, wo Sie noch einen Ankerhalt für ein ausgiebiges Bad einlegen. Die Buchten sind zum Teil aber bis an die Ufer heran sehr tief, sodass Sie zusätzlich eine Landleine legen müssen.

Im Südwesten liegt zauberhaft **Ormos Apolimani** (37°41,10'N 023°19,35'E), auch Aponissis genannt, und bietet Schutz bei südlichen Winden. An Land lädt eine Taverne zu Speis und Trank. Nur einen Katzensprung entfernt kann die Crew rund um die **Insel Dorousa** den Anker fallen lassen, im Süden liegt das Wrack der *Avantis III* am Grund, die 2004 hier gesunken ist und heute als Tauchspot beliebt ist. Gegenüber auf Angistri befindet sich eine namenlose Bucht (37°40,73'N 023°19,50'E) in äußerst reizvoller Umgebung. Hier lässt es sich prima übernachten. Das Wasser zeigt sich hier von besonders intensivem Türkis! Da es bis an die pinienbestandenen Ufer sehr tief ist, macht man am besten mit Landleine fest.

Häfen und Buchten an der Festlandküste des nordöstlichen Peloponnes

Nicht nur für Kulturinteressierte lohnt sich von Aegina oder Angistri aus ein Abstecher an der Küste des Peloponnes. Mit **Palaia Epidavros** lockt hier ein beliebter Hafen, der gute Ausflugsmöglichkeiten zu dem gleichnamigen Theater aus der Antike bietet. Aber auch Naturfreunde kommen an diesem Teil des Peloponnes auf ihre Kosten und können Landschaften voller Kontraste entdecken: Duftende Orangenplantagen erstrecken sich im flachen Hinterland der Küste vor der Kulisse von dichtbewaldeten Bergen, die zu Ausflügen und Wanderungen einladen. An der Küstenlinie des Peloponnes finden sich zahlreiche Buchten und Ankermöglichkeiten, angefangen mit **Korfos** (auch Limon Sofikou genannt) im Norden über **Nea Epidavros** bis **Palaia Epidavros**.

Bucht und Hafen Korfos (Limin Sofikou)

Der friedliche Ferienort Korfos ist meist der nördlichste Punkt bei einem Törn durch den Saronischen Golf. Ab hier wandelt sich die Landschaft in Richtung Kanal von Korinth, das Gebiet ist industriell sowie von Fischfarmen geprägt und macht für Yachten keinen großen Reiz aus. In der geschützten Bucht von Korfos ist die Welt aber noch in Ordnung. Yachten machen entweder am neuen Schwimmsteg der Gemeinde Korfos fest oder legen am niedrigen Kai vor einer der beiden Tavernen – *Stavedo/Papa George* und *Taverne Korfos* – mit eigenem Anker an. Es versteht sich von selbst, dass bei Nutzung der taverneneigenen Kais auch dort gespeist wird. Man kann aber auch frei in der großen Bucht ankern und liegt im Limin Sofikou auch bei viel Wind bestens geschützt – es sei denn, es bläst kräftig aus südlichen Richtungen.

Service und Versorgung: Am Gemeindesteg gab es bei unserem letz-

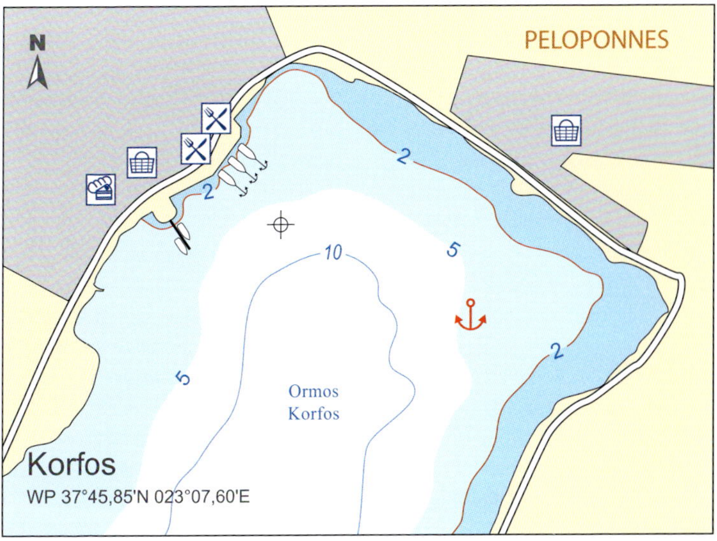

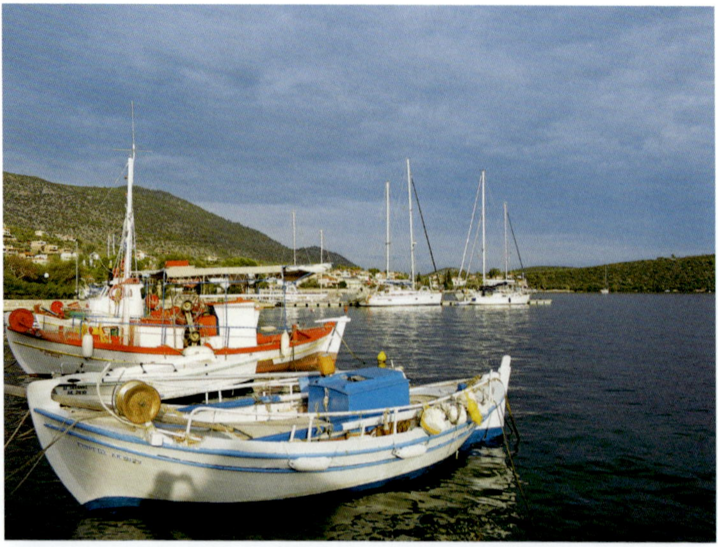

Die himmlische Ruhe in Korfos hilft dabei, die Seele baumeln zu lassen.

ten Besuch weder Wasser noch Strom. Liegt man am Kai bei den Tavernen, versorgen die Wirte ihre Gäste aber mit frischem Wasser und Strom, sofern Sie über ein langes Kabel verfügen. Gegen Gebühr können Sie auch warm duschen. Die Preise für das Essen schienen uns beim letzten Besuch etwas teurer als andernorts – dafür liegt man mit dem Boot quasi direkt an der Terrasse der Tavernen.

Im verschlafenen Örtchen laden aber noch einige andere Tavernen zu Speis und Trank, ein Mini-Markt versorgt Segler mit dem Nötigsten, morgens auch mit frischem Brot. Im Nordosten der Bucht gibt es einen zweiten Laden mit etwas mehr Auswahl. Diesel kann bei Abnahme größerer Mengen geliefert werden.

Landgang: Korfos reizt als Ferienort besonders Erholungssuchende – dementsprechend ruhig und friedlich geht es hier zu. Bei einem kleinen Spaziergang rund um die Bucht mit ihren Kiesstränden kann man herrlich die Seele baumeln lassen, ansonsten gibt es nicht viel zu sehen. Für Ausflüge (z. B. ins 40 km entfernte Korinth) bestellt man am besten ein Taxi, da die Busverbindungen, zumindest in der Nebensaison, eher spärlich sind. Bleibt nur, die Entspannung zu genießen!

Rund sieben Meilen südlich von Korfos liegt der kleine Hafen **Nea Epidavros** (37°40,60'N 023°09,30'E) friedlich inmitten von Orangen- und Zitronenplantagen. Er wird von Yachten seit seinem Ausbau gerne besucht und ist eine ruhige Alternative zu dem lebhafteren Hafen Palaia Epidavros etwas weiter südlich. Die Ansteuerung ist frei von Untiefen, aber in der nordöstlichen Ecke des Hafens liegt ein Wrack (siehe Seekarte). In der Saison weist ein Angestellter der Gemeinde einen Platz zu.

Service und Versorgung: An den meisten Stellen liegen Muringleinen, und auch die Versorgung mit Wasser und Strom ist gut organisiert. Am

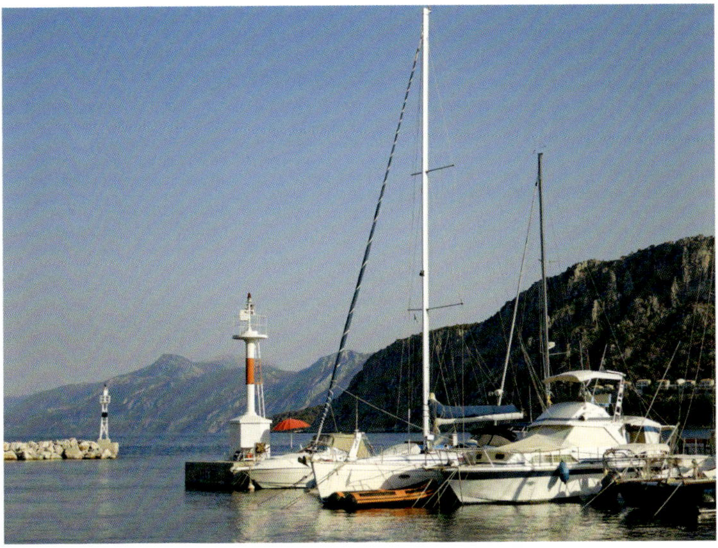

Der Hafen Nea Epidavros verzaubert durch sein hügeliges Hinterland.

Sandstrand gibt es einige Tavernen und Strandcafés – doch auch hier lohnt sich der Erkundungsgang durch die zweite Reihe: So haben wir in der Taverne des Hotels *AVRA* sehr gut gegessen, Wirtin Martina bietet ihren Gästen auch warme Duschen an. Im Hafenrund liegt malerisch etwas erhöht eine Pizzeria gleich neben der weißen Kapelle.

Direkt am Hafen gibt es einen Kiosk mit dem üblichen Sortiment an Getränken, Süßigkeiten und einem Kühlschrank mit Joghurt und Käse. Morgens kommen sowohl der Gemüsemann als auch der Bäcker mit ihren Lieferwagen angerauscht und verkaufen erntefrisch saisonales Gemüse und duftendes Brot. Wer hier nicht fündig wird, läuft zum Mini-Markt des Campingplatzes etwa 400 m, zum nächsten gutsortierten Supermarkt am südlichen Rand des Bergdorfes Nea Epidavros ca. 1,5 km ins hügelige Hinterland. Taxis fahren zum Theater von Epidavros.

☛ Unser Tipp: eine süße Erfrischung!

In den Hafen mündet im Norden ein klarer, eiskalter Bach, der höchstens von kleinen Booten befahren wird. Ganz Mutige tauchen hier kurz ein und werden selbst im Hochsommer herrlich erfrischt aus dem Wasser steigen!

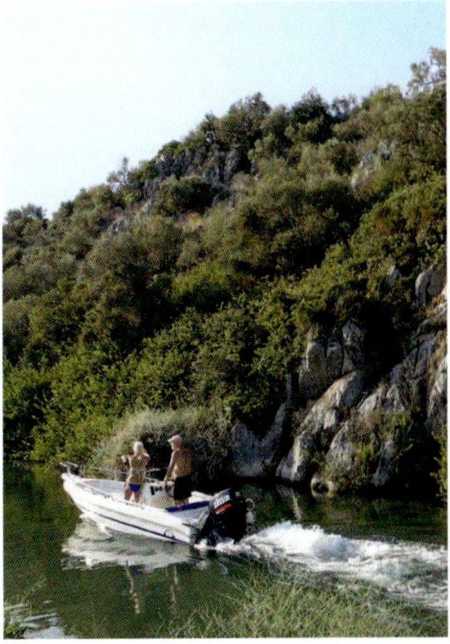

Nur für Mutige: ein Bad im eiskalten Bach.

Hafen Palaia Epidavros

Von Seglern deutlich häufiger angesteuert wird die lebendige Ortschaft Palaia Epidavros. Sie ist ein perfekter Ausgangspunkt für einen Besuch des antiken Theaters Epidavros. Die Ansteuerung der tief ins Land einschneidenden und landschaftlich sehr reizvollen Bucht erfordert einige Aufmerksamkeit: Unter Wasser liegen die Reste zweier antiker Molen verborgen. Zwei große Leuchtfeuer markieren die Einfahrt in den Hafen, in die bei östlichen Winden starker Schwell steht. Yachten liegen mit eigenem Anker entlang des westlichen Kais oder ma-

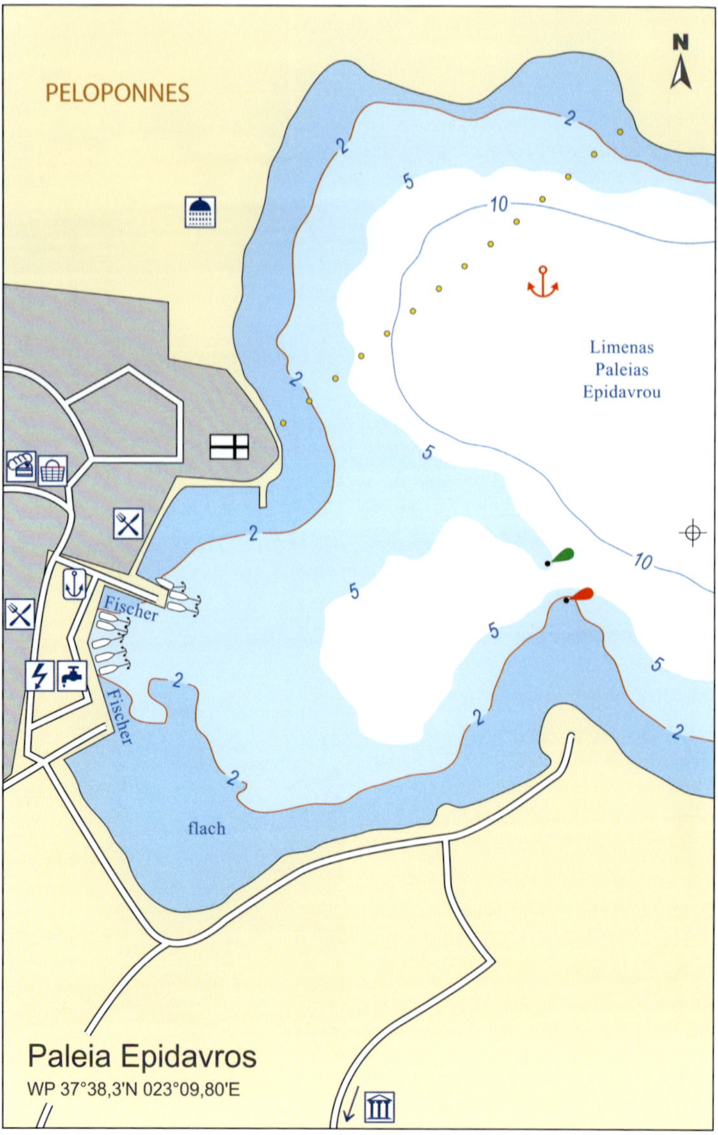

chen am Kopf der Mole fest. Manchmal hilft der Hafenmeister beim Anlegen. Nördlich der Mole ist es für Yachten zu flach. Sind alle Plätze im Hafen belegt, lässt es sich auch gut vor dem Sandstrand (mit Süßwasserdusche) am nördlichen Ufer der Bucht ankern, im Sommer markiert eine Bojenreihe die Schwimmzone.

Service und Versorgung: Am Kai stehen Säulen für Wasser und Strom, Chipkarten dafür gibt es in der Bude des Hafenmeisters nah des Kiosks. Entlang der Hafenmeile reihen sich einige Tavernen, Hotels und Cafés, die auch Duschen für ihre Gäste anbieten. Uns hat es beim letzten Mal sehr gut in der Taverne *To Perivolo* geschmeckt, die nach einem kurzen Spaziergang entlang der Orangenhaine gen Westen Richtung Hauptstraße erreicht ist. Im Innenhof sitzt die Crew bei guter Hausmannskost lauschig unter Orangenbäumen. Entlang der Sträßchen und Gassen laden einige Souvenirgeschäfte zum Bummel ein; mehrere Mini- und Gemüse-Märkte, zwei Bäckereien, ein Fischgeschäft und eine Fleischerei lassen kaum Wünsche offen. Eine Bank mit EC-Automat findet sich ebenso wie Post, Apotheke sowie Auto- und Rollervermietung. Vom Hafen fahren aber auch Busse und Taxis nach Epidavros (Theater) und zu anderen Orten am Peloponnes.

Landgang: Die meisten Crews nutzen den Aufenthalt in Palaia Epidavros, um das berühmte antike Theater zu besuchen. Aber auch Spaziergänge in der reizvollen Umgebung des Örtchens lohnen sich: Auf der lieblich bewaldeten Landzunge südlich des Hafens locken eine Mini-Version eines antiken Theaters, die Reste des alten Kastros (= Burg) in lieblicher Landschaft und herrliche Ausblicke über die Buchten von Epidavros.

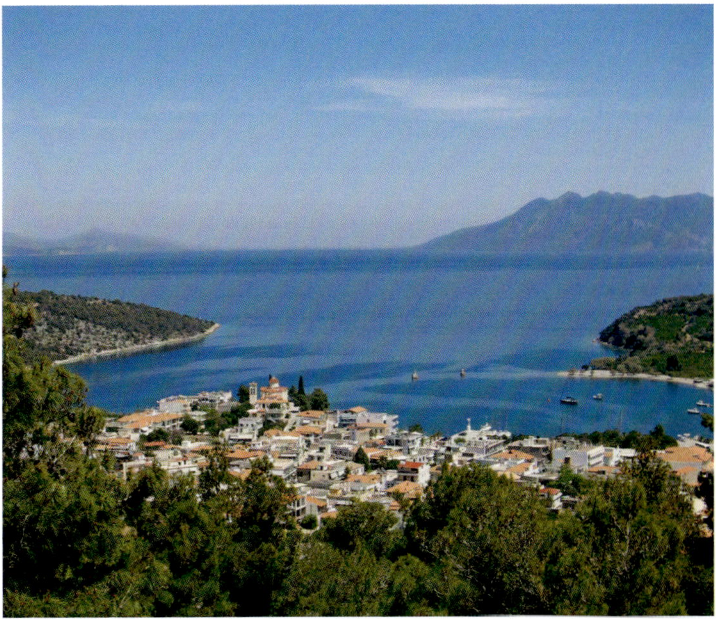

Blick über Hafen und Bucht von Palaia Epidavros

Unser Tipp: Ausflug zum Theater Epidavros

Mit dem Bus oder Taxi lohnt sich der Besuch des 13 km entfernten Theaters, das in einer wundervollen Berggegend ab 340 v. Chr. inmitten einer antiken Asklepios-Kultstätte gebaut wurde. Mit seinen fast 14 000 Sitzen gilt es als größtes erhaltenes Theater in Griechenland. Die brillante Akustik und seine traumhafte Lage machen es auch heute noch zu einem Ort, dessen Zauber sich besonders am frühen Morgen oder frühen Abend offenbart – auch weil dann der Besucherandrang nicht ganz so hoch ist. Die Öffnungszeiten des Heiligtums mit seinen alten Kuranlagen und Tempeln, des Theaters und eines dazugehörigen Museums sind im April von 8 bis 19 Uhr und von Mai bis Ende Oktober von 8 bis 20 Uhr, der Eintritt beträgt 12 Euro. Weitere Infos unter www.epidavros.gr.

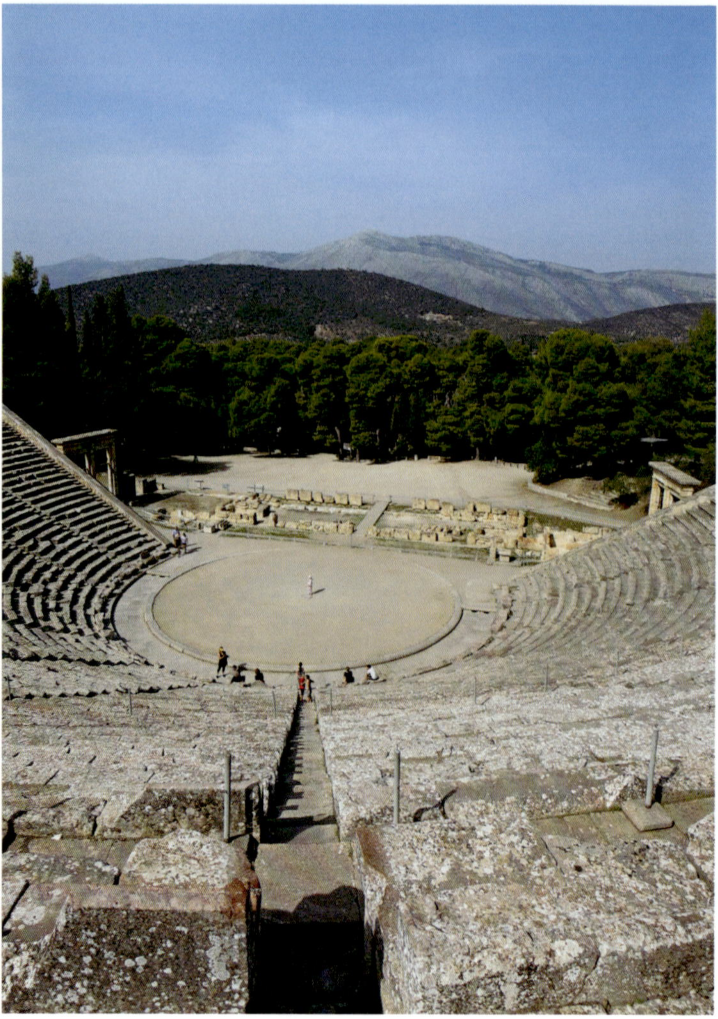

Das Theater Epidavros liegt in einer traumhaften Bergkulisse.

Weitere Buchten am Nordost-Peloponnes

Südlich von Palaia Epidavros lädt in der weit offenen Bucht **Ag. Vlassis** (37°37,50'N 023°09,50'E) eine Attraktion zum Badestopp ein: Ankert man bei ruhigem Wetter auf etwa 8–10 m Wassertiefe, lassen sich Teile eines versunkenen Dorfes (auf Schildern etwas übertrieben mit *Sunken City* beworben) schnorchelnd erkunden.

Die weitere Küstenlinie gen Süd zeigt sich in großen Teilen mit steil abfallenden Ufern ohne geeignete Ankerplätze. Nur im südlichen Scheitel des **Kolpos Epidavrou** kann man nah der Strände Schutz vor südlichen Winden suchen, z. B. vor dem Weiler Psista. Die meisten Segler steuern aber lieber die Halbinsel Methana oder die Insel Poros an.

INSELSTECKBRIEF METHANA UND POROS

Größe und Geografie: Die Halbinsel Methana liegt auf dem Vulkangürtel der südlichen Ägäis und zeigt mit ihren über 30 Vulkandomen und schwefelhaltigen Heilquellen immer noch vulkanische Aktivität. Die Böden der rund 50 km² großen Halbinsel sind sehr fruchtbar, und so präsentieren sich Methanas Hügel und Berge in den Frühjahrsmonaten saftig grün, überzogen von einer üppigen Vegetation. Auf den Gipfeln der Insel (die höchste Erhebung ist der Chelona mit 741 m) gedeihen Bäume in erkalteter Lava. Trotz der abwechslungsreichen Landschaft wirkt die Halbinsel verschlafen und fast einsam – außer einigen Kurgästen und Wandertouristen kommen kaum Besucher nach Methana. Und obwohl viele Wanderwege (z. B. zu den Vulkandomen) angelegt wurden, werden sie nicht so rege genutzt wie gewünscht. Die rund 1500 Einwohner können deshalb auch nicht nur vom Tourismus leben, sondern ergänzen ihre Einkünfte durch Landwirtschaft und Viehzucht.

Für Segler hat Methana aber durchaus ihren Reiz: Insbesondere der im Südwesten gelegene Hafen Vathy lohnt einen Besuch!

Die Nachbarinsel Poros ist dicht mit Aleppokiefern bewachsen, im Norden gedeihen Oliven- und Zitrusfrüchte, in der Hochebene reift Wein. Poros wird durch einen nur 300 m breiten Kanal vom Peloponnes getrennt und gliedert sich in zwei Teile: Der nördliche, große Inselteil (Kalavria) ist über eine Landenge mit dem klitzekleinen südlichen Inselteil (Sferia) verbunden. Hier liegt auch der Hauptort der Insel mit seinem malerischen Hafen. Poros ist das krasse Gegenteil vom verträumten Methana: Schon allein durch ihre rund 4000 Einwohner, die sich auf dem kleinsten Teil der knapp 23 km² großen Insel knubbeln, geht es hier deutlich lebendiger zu. Die Bewohner leben vom Tourismus, der Landwirtschaft und dem Fischfang. Neben dem Haupthafen der Stadt laden noch einige gut geschützte Buchten zum Ankern in traumhafter Umgebung ein.

Wichtige Häfen: Hafen Vathy (Methana), Hafen Methana und Hafen Poros

Highlights: Fischessen im Hafen Vathy auf Methana und die Einfahrt in den Kanal von Poros mit Passage der fast direkt ans Wasser gebauten neoklassizistischen Herrenhäusern.

Weitere Infos: www.poros.com.gr. Über Methana gibt es keine englisch- oder deutschsprachigen Webseiten, die hier einer Erwähnung wert wären; wohl aber findet man einige Wander- und Reiseberichte über die gängigen Suchmaschinen im Internet. ■

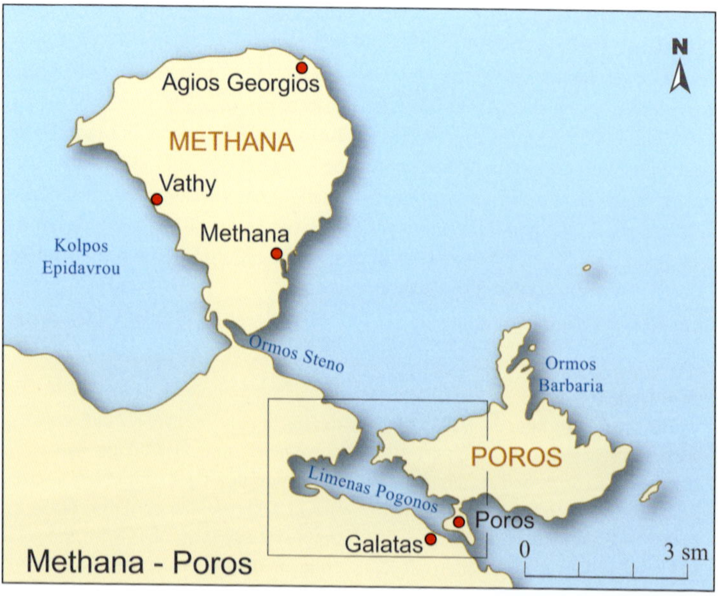

Methana Buchten und Häfen

An gut geschützten Buchten scheint es beim ersten Blick in die Seekarte rund um Methana zwar nicht zu mangeln; viele der tief einschneidenden Buchten sind aber entweder zu tief zum Ankern oder – wie Ormos Thynni im Westen der verbindenden Landzunge oder Ormos Steno gegenüber im Osten – bereits von Fischfarmen belegt.

Besuchermagnet für segelnde Gäste ist zweifelsohne der idyllische **Fischerhafen Vathy** im Westen der Halbinsel. Aber auch der **Kurort Methana** bietet Möglichkeiten zum Anlegen.

An der Nordküste liegt mit **Agios Gheorgios** (37°38,40'N 023°23,70E) ein kleiner Hafen, der ein oder zwei Yachten sicheren Platz bietet. Er wird eher selten von Seglern angelaufen und sei hier nur der Vollständigkeit halber für einen Zwischenstopp auf dem Weg nach Aegina oder Angistri erwähnt.

Hafen Vathy

Im Westen der Halbinsel wartet mit dem Fischerhafen Vathy ein wirklich idyllischer Ort auf segelnde Gäste. Die Ansteuerung ist einfach, die befeuerte, aber enge Hafeneinfahrt erfolgt östlich des Wellenbrechers. Im Hafen ist es sehr eng zum Manövrieren, weshalb die Crew Anker und Fender am besten schon vor der Einfahrt klarmacht. Und wer im kleinen aber feinen Hafen einen Platz bekommen möchte, muss zumindest in der Hauptsaison früh einlaufen – schnell ist jeder der Plätze am östlichen Kai belegt. Die übrigen Plätze sind den Fischerbooten vorbehalten.

Service und Versorgung: Rund um den Hafen laden gute Fischtavernen zu Speis und Trank, von denen eine auch eine (Außen-) Dusche für Segler bietet. Der »Wassermann« öffnet seinen Hahn einmal täglich und versorgt die Yachten mit einem langen Schlauch. Morgens kommt der Bäcker

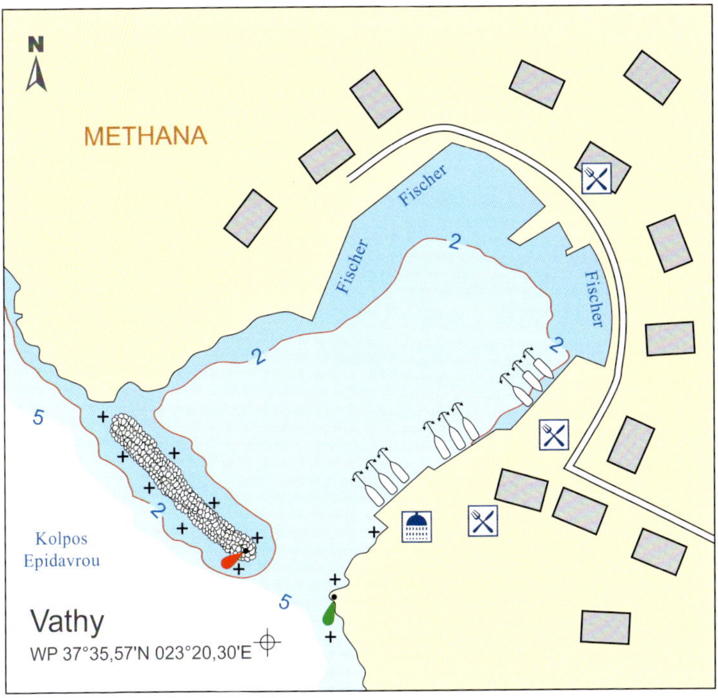

mit frischem Brot, auch ein Tankwagen kann bestellt werden – ansonsten gibt es im kleinen Weiler keinerlei Versorgungsmöglichkeiten.

Landgang: Ein Bummel entlang des malerischen Hafenrundes ist schnell erledigt – entweder entspannt man jetzt in einem Café oder einer Taverne

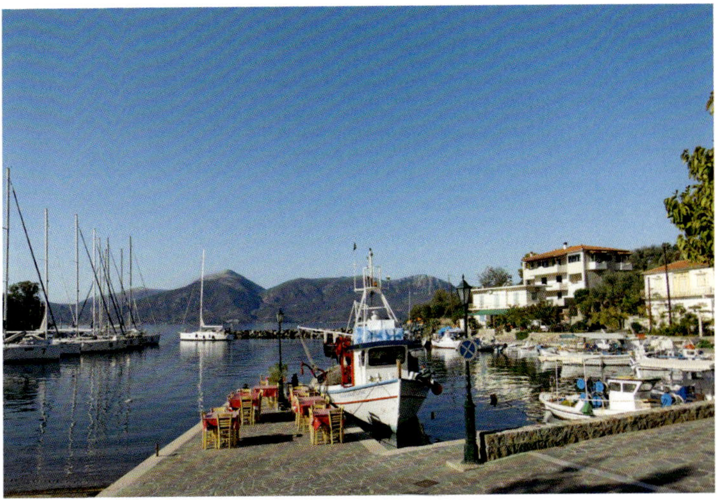

Im malerischen Vathy kommt fangfrischer Fisch auf die Teller.

und genießt die Idylle, oder Sie spazieren über den Hügel zum schmalen Kiesstrand mit Dusche, der südlich des Hafens liegt. Folgt man der Küstenstraße nach einem erfrischenden Bad etwa 1 km, so führt am südlichen Ortsende (nachdem man die Taverne *Paläokastro* passiert hat) links ein Weg den Hügel hinauf. Hier lag die ursprüngliche antike Stadt Methana, was die Reste einer kleinen, rund 2600 Jahre alten Akropolis bezeugen, die auf einem Vulkandom thront. Auch wenn kaum mehr als die Grundmauern erhalten sind: Der Aufstieg lohnt sich schon wegen des herrlichen Blickes über die große Bucht!

Auch eine Wanderung zu einem größeren der 30 Vulkankrater der Halbinsel ist reizvoll, z. B. dem Hauptkrater von Kameni Hora im Nordwesten der Insel (von Vathy aus auch mit dem Taxi erreichbar).

Hafen und Marina Methana

Im Südosten der Halbinsel bietet außerdem das Kurstädtchen Methana als Hauptort zwei Anlegemöglichkeiten, auch wenn der Hauptort nicht so reizvoll ist wie andere Häfen im Revier:

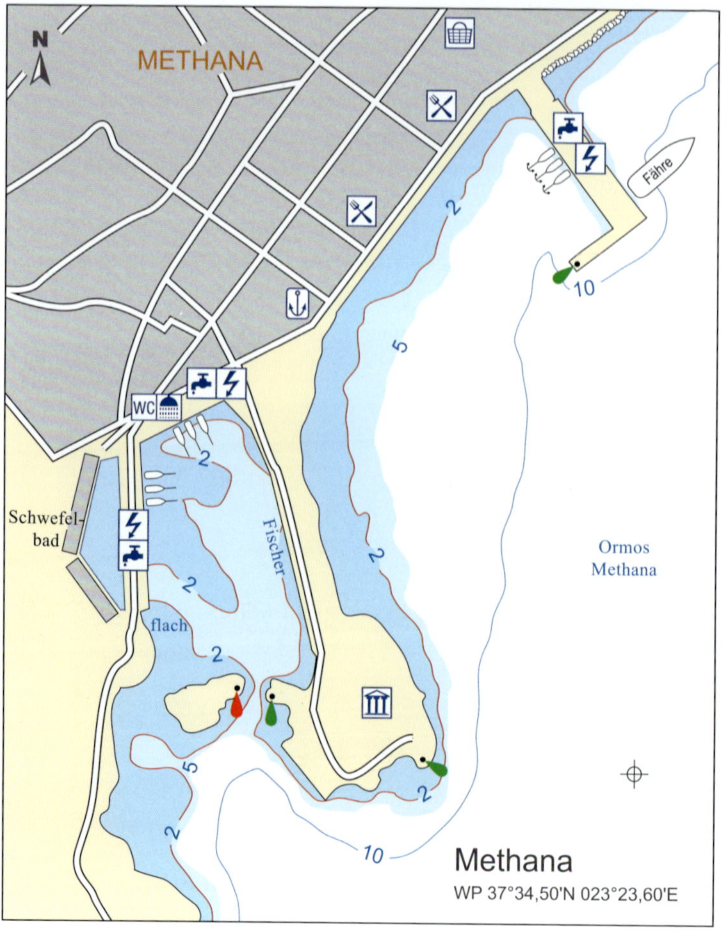

An der Innenseite des Fährkais finden Yachten einen halbwegs sicheren Platz, gerade wenn in der Marina alles belegt ist. Allerdings sei diese Möglichkeit nur bei ruhigem Wetter bzw. nördlichen oder ablandigen Winden empfohlen. Denn selbst bei ruhigem Wetter steht hier immer ein wenig Schwell, der stark zunimmt, sobald es aus östlichen Richtungen weht. Wasser und Strom sind verfügbar.

Die Marina des Ortes südlich des Fährhafens ist deutlich besser geschützt. Die nur 20 m breite und knapp 2 m tiefe Einfahrt liegt zwischen der felsigen Landzunge sowie einer kleinen Insel und ist nachts befeuert. Trotzdem würden wir nur ortskundigen Crews empfehlen, hier im Dunklen einzulaufen, weil Unterwasserfelsen die Navigation sehr anspruchsvoll machen.

Im Hafen gilt: Wegen unterschiedlicher Wassertiefen immer gut loten! Yachten liegen in der Regel am westlichen oder nördlichen Kai (dort bei Wassertiefen zwischen 1,40 m und 2 m). Oft weist die Hafenmeisterin ein freies Plätzchen zu, denn viele der Liegeplätze sind fest vermietet oder sollen für Fischerboote freigehalten werden. Jüngst wies ein Schild an der Einfahrt darauf hin, dass Yachten über 47 Fuß nicht anlegen dürfen.

Wer die Nase rümpft, weil es im Hafen nach faulen Eiern riecht: Direkt neben der Marina verbreitet das Schwefelbecken des Kurortes seinen eigenwilligen Geruch, und auch das milchig-trübe Hafenwasser selbst hat es in sich: Schiffe, die hier überwintern, sollen nach einigen Wochen komplett vom Bewuchs des Rumpfs unter Wasser befreit sein.

Service und Versorgung: Es gibt Wasser und Strom an den Liegeplätzen sowie eine Toilette mit Dusche. Tavernen und Cafés entlang der Hafenpromenade offerieren teils sehr gute Hausmannskost und ordentliche Portionen – ideal für den hungrigen Seglermagen. Im Ort Super- und Minimärkte, Bäckerei, Bank mit EC-Automat. Fährverbindung nach Aegina, Poros und Piräus.

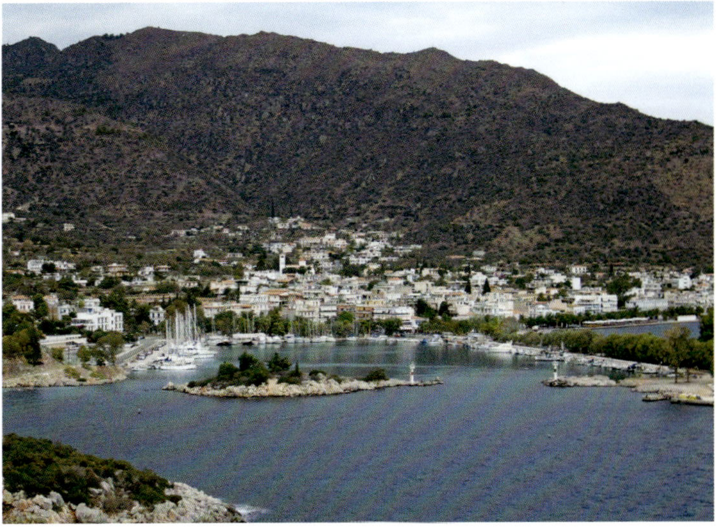

Nah der Marina Methana wabert Schwefelgeruch durch die Luft.

Landgang: Auch wenn der Kurort etwas in die Jahre gekommen ist und an einigen Stellen einen leicht maroden Eindruck macht: Zumindest im Sommer herrscht hier griechisches Leben pur! Abends wird die Promenade für den Verkehr gesperrt, Kinder fahren munter mit ihren Rollern auf und ab, und die Erwachsenen flanieren bei der abendlichen Volta, dem beliebten Spaziergang, umher. In den Sommermonaten sind auch die Badehäuser geöffnet! Wer jetzt Lust auf eine Thermalanwendung hat, muss sich nur noch zwischen Sprudelbad im vulkanischen Heilwasser, Massagen, einem Besuch im Hamam oder im Vulcanic Spa entscheiden!

Poros Buchten und Häfen

Die kieferbestandene Insel Poros lockt vor allen Dingen rund um seinen südlichen Inselteil mit zahlreichen Buchten, die für einen Ankerstopp zum Schwimmen oder auch zur Übernachtung einladen. Im Norden der Insel gibt es zwar viele Fischzuchtanlagen, doch machte die zypressenbestandene Barbaria Bucht als herrliches Schlupfloch bei südlichen Winden eine schöne Ausnahme. Ein Höhepunkt ist aber Poros' stimmungsvoller Altstadthafen, der durch seine einheitliche Architektur und wundervolle Insellage sehr anmutig wirkt.

Die Buchten auf der Südseite von Poros erreicht die Crew von Norden kommend durch eine knapp 500 m breite Durchfahrt beim Kap Ak. Dana durch den **Limenas Pogonos**. Dieser von Land umschlossene Naturhafen wirkt wie ein Binnensee, inmitten einer traumhaften Kulisse von grünen Bergzügen. An den Nordufern des Limenas Pogonos gibt es mehrere hübsche Ankerbuchten, sowohl an den Küsten des Peloponnes als auch an der Südwestküste der Insel Poros, in die man sich beim Meltemi verkriechen kann. Bei der Passage achte man auf die Schnellfähren (*Flying Dolphins*), die auch hier mit Geschwindigkeiten von über 25 Knoten durchrauschen.

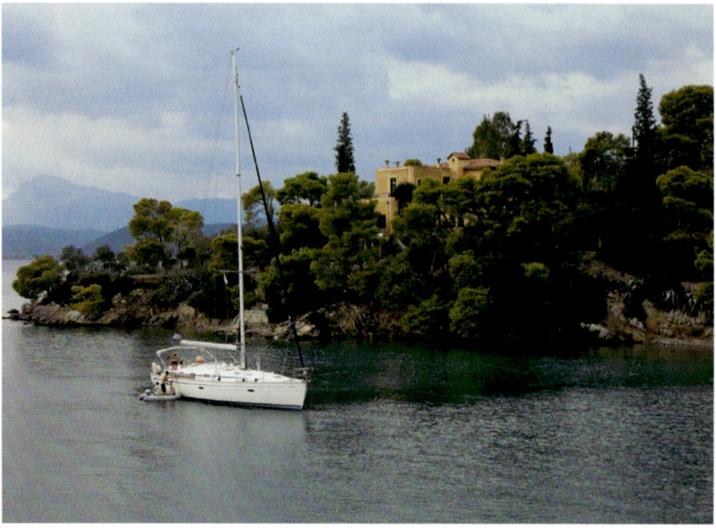

An der Südküste von Poros laden viele Buchten zum entspannten Ankern.

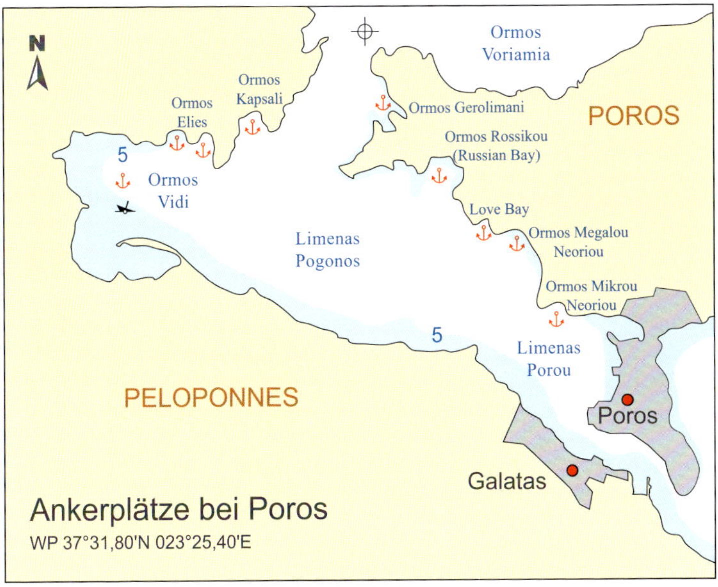

Die Peloponnesbuchten **Ormos Vidi, O. Elies** und **O. Kapsali** im Westen des Limenas Pogonos bieten guten Schutz bei nördlichen Winden. Zu den Ufern hin werden sie schnell flach, besonders im Westen von Ormos Vidi! Hier liegt auch ein Wrack, das zur Hälfte aus dem Wasser ragt.

Entlang der Südküste von Poros reihen sich mit Ormos Rossikou (auch *Russian Bay* genannt), der Love Bay, Ormos Megalou Neoriou und Ormos Mikrou Neoriou beliebte Ankerplätze wie Perlen auf einer Kette:

Im **Ormos Rossikou** ankert die Crew vor den Ruinen einer russischen Marinestation von 1834 oder in den beiden Einbuchtungen westlich davon. Der Ankergrund hält gut, der Schutz vor nördlichen Winden ist bestens und die Stimmung bei Sonnenuntergang einfach nur herrlich. Am Sand-Kies-Strand lädt eine Snack-Bar im Sommer zu einem kühlen Getränk, ebenfalls im Sommer besteht eine Busverbindung mit Poros Stadt.

Etwas weiter östlich lockt die **Love Bay** mit einigen geschützten Liegeplätzen für Yachten. Die kleine, von Pinien umstandene Bucht wird zum Land hin schnell seicht, weshalb man den Anker in etwas Abstand vom zauberhaften Sandstrand fallen lässt. Im Sommer öffnet eine Strandbar mit Süßwasserdusche.

Auch vor der weit offenen Bucht **Megalou Neoriou** ankern Crews mit ihren Yachten gerne, wenn auch nicht ganz vor Schwell geschützt. Die Steganlagen an den Ufern sind privat und für Yachten meist zu flach. Am Strand stehen einige Hotels, gute Tavernen laden zu Speis und Trank. Leider wird die Idylle manchmal von Wasserskifahrern gestört – dafür liegt man nah an der Stadt Poros, die schnell mit dem Bus oder nach 2 km Fußweg zu erreichen ist.

Auch in der kleinen Schwesterbucht **Mikrou Neoriou** östlich des auffälligen *Poros Image Hotels* können Yachten bei ruhigem Wetter ihren Anker vor dem kleinen Strand werfen. Die Steganlage im Westen der Einbuchtung gehört zum Hotel und ist Gästen vorbehalten. Weiter östlich beginnt recht bald ein militärisches Sperrgebiet (siehe Seekarte).

Auf dem Weg zum Stadthafen ist bei der Navigation durch den Kanal von Poros, der die Insel vom Peloponnes trennt, Vorsicht geboten. Zum Peloponnes ist es stellenweise sehr seicht, sodass man sich bei der Passage nah an der Hafenseite hält. Aber Wahrschau: Da hier viel Verkehr herrscht (alle Fähren und Schnellfähren auf den Weg nach Hydra und Spetses passieren die Meerenge), halten Sie die Augen und Ohren gut offen, um keinem der schnellen Flitzer in die Quere zu kommen.

Hafen Poros

Der Inselhafen Poros ist einer der sichersten Häfen im Revier und begeistert viele, viele Segler mit seinen rotgedeckten Häusern, die sich anmutig den Hang heraufziehen und für die muntere Stimmung sorgen, die entlang der Hafengassen herrscht.

Anlegen kann man je nach Gusto und freien Plätzen im Nordteil des Hafens am teils neu ausgebauten Kai und am Schwimmsteg (beide südlich des Fähranlegers) oder entlang der südlichen Kaianlagen, die sich durch den Kanal ziehen. Der nördlichste Teil des Hafens ist militärisches Sperrgebiet (siehe Plan S. 83).

In beiden Hafenteilen wird römisch-katholisch mit Buganker angelegt. Der Ankergrund besteht überwiegend aus Schlick und hält gut, durch die sehr nah vorbeifahrenden Fähren entsteht aber starker Schwell – deshalb gut Abstand zum Kai halten! Im südlichen Hafenteil sind viele der Plätze markiert und müssen für Taxiboote, Schnellfähren oder Fischer freigehalten werden. Am besten sucht man sich dort eine Lücke, wo schon einige Yachten liegen! Ganz im Südosten haben die Charteryachten von *Greeksails* (siehe Charterfirmen S. 26) ihren Platz. An den Wochenenden steuern viele riesige Luxusyachten aus der nahen Hauptstadt die Insel an – dann wird es proppenvoll im Hafen. Falls gar kein freies Plätzchen zu finden ist, weicht man auf einen der Ankerplätze aus, die wir zuvor beschrieben haben.

Service und Versorgung: Poros bietet perfekte Infrastruktur für Bootsreisende: Im nördlichen Hafenteil stehen ausreichend Säulen für Wasser und Strom entlang des Kais, im südlichen Hafen im Kanal zumindest noch an einigen Stellen. Im Sommer 2017 war das Wasser auf Poros allerdings zeitweise so knapp, dass die Wasserabgabe über einige Wochen reglementiert wurde und die Tanks nur noch stundenweise aufgefüllt werden konnten. Deshalb bitte die Boote nicht mit Süßwasser abspritzen! Diesel kommt per Tankwagen, und auch alles andere, was das Seglerherz begehrt, findet man in Fußnähe: Entlang der lebendigen Hafenpromenade wimmelt es nur so vor stimmungsvollen Cafés, Bars und Tavernen. Da fällt die Auswahl schwer! Wir haben schon gut in der Taverne *Poseidon* im nördlichen Hafenteil gegessen. Bei Seglern ebenfalls beliebt ist das *Oasis* im Südhafen. Wer Appetit auf etwas anderes als griechische Kost verspürt, findet in Poros auch internationale Restaurants. Auch die Einkaufmöglichkeiten lassen nicht viel zu wünschen übrig: Rund um den Nordhafen gibt es Mini- und Supermärkte; in den Einkaufsgassen Obst- und Gemüseläden, Bäckereien

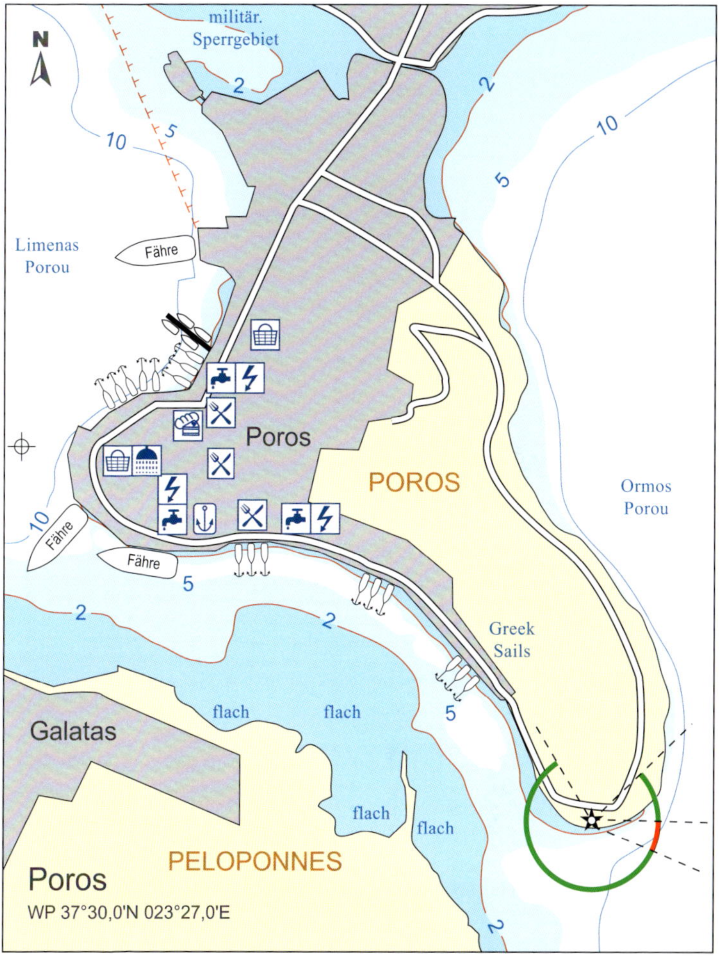

und Fleischgeschäfte; im Ort zudem EC-Automaten, Reisebüros, Wäscherei, Auto-, Roller und Fahrradverleih, Bootsmechanik und -zubehör u.v.m. Fangfrischer Fisch wird in der Fischhalle angeboten. Geduscht werden kann im Minimarkt *Snoopy* an der Promenade am Westkai. Busse fahren zu einigen Stränden und Sehenswürdigkeiten. Weiterhin besteht alle paar Minuten Fähr- oder Taxibootverbindung mit der Ortschaft Galatas auf der Peloponnes-Halbinsel und mit den anderen Saronischen Inseln und Athen.

Landgang: Durch die hübschen Altstadtgassen könnte man ganze Tage wandeln ... Geht es entlang der Hafenpromenade noch sehr wuselig zu, zeigen sich die autofreien Gassen still und verträumt – zumindest in der Nebensaison. Ein schöner Spaziergang führt vom Hafen hinauf zum Uhrturm, der als Wahrzeichen über dem Städtchen thront. Von hier eröffnet sich ein zauberhafter Blick über die roten Dächer der Altstadt, die Meerenge und das gegenüberliegende Galatas. Für eine Abkühlung folgt man der Hafen-

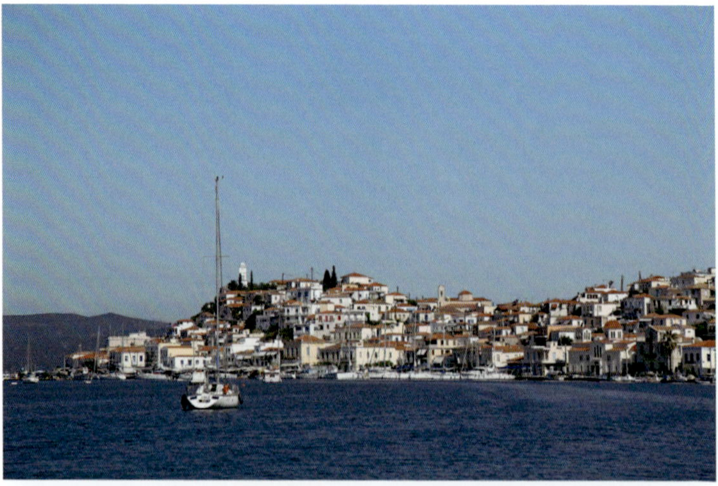

Schon von Weitem ein malerischer Anblick: Die Altstadt von Poros mit Uhrturm

promenade des Nordhafens etwa 1 km (vorbei an Fähranleger, Militärbasis und Sportplatz) und erreicht im Osten der Inselspitze einen Strand mit Duschen.

Ansonsten glänzt die Insel mit nicht allzu vielen Sehenswürdigkeiten. Wer sich ein Fahrrad ausleiht, kann aber herrliche Touren durch Kieferwälder radeln, die bescheidenen Ruinen des Poseidontempels bestaunen, sich im zitronenbestandenen Innenhof des Klosters *Zoodochou Pighi* von den Strapazen erholen und am Monastiri-Strand ein erfrischendes Bad nehmen. Für viele Chartercrews ist Poros, auch wenn der Törn nur eine Woche dauern sollte, noch nicht Wendepunkt, denn zu sehr locken die beliebten Eilande Hydra, Dokos und Spetses.

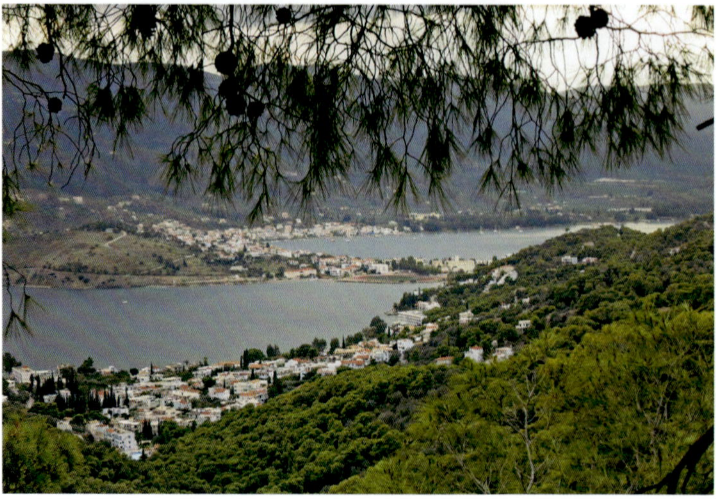

Blick über die Insel Poros

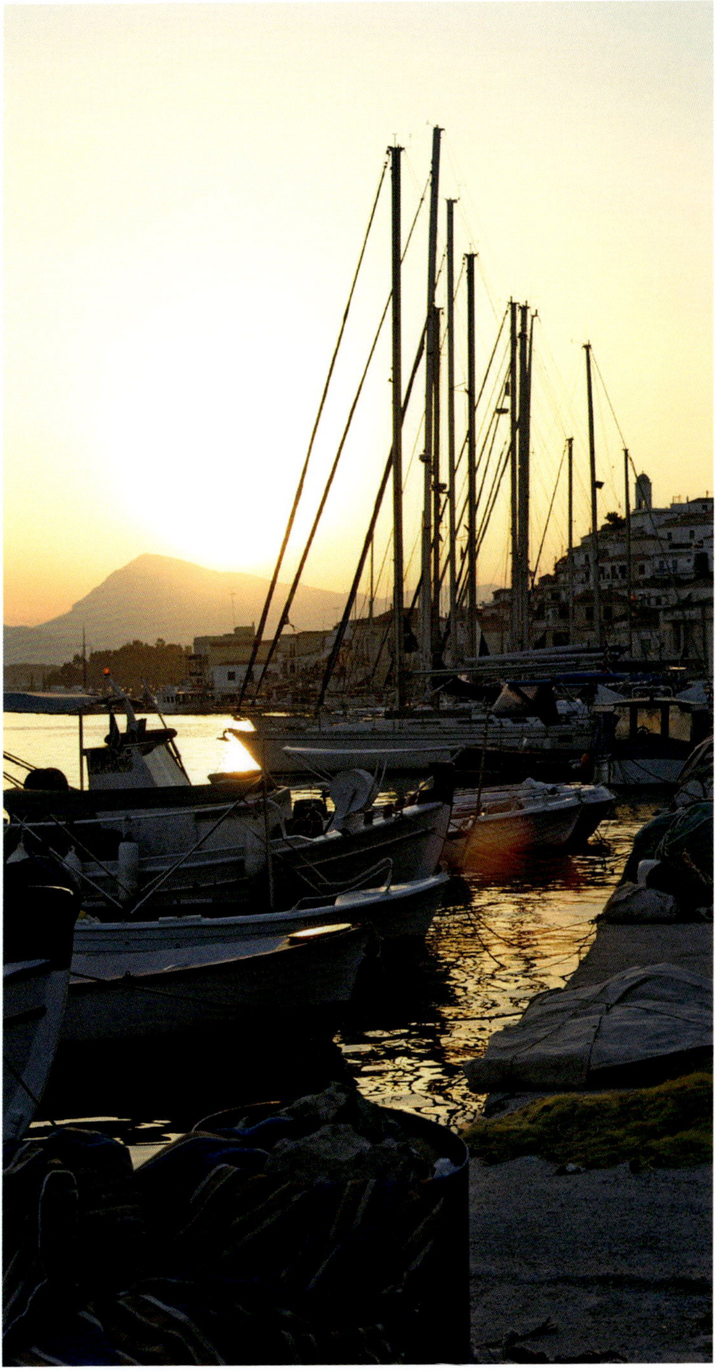

Von Poros geht es für die meisten Yachten weiter nach Hydra, Spetses oder Ermioni.

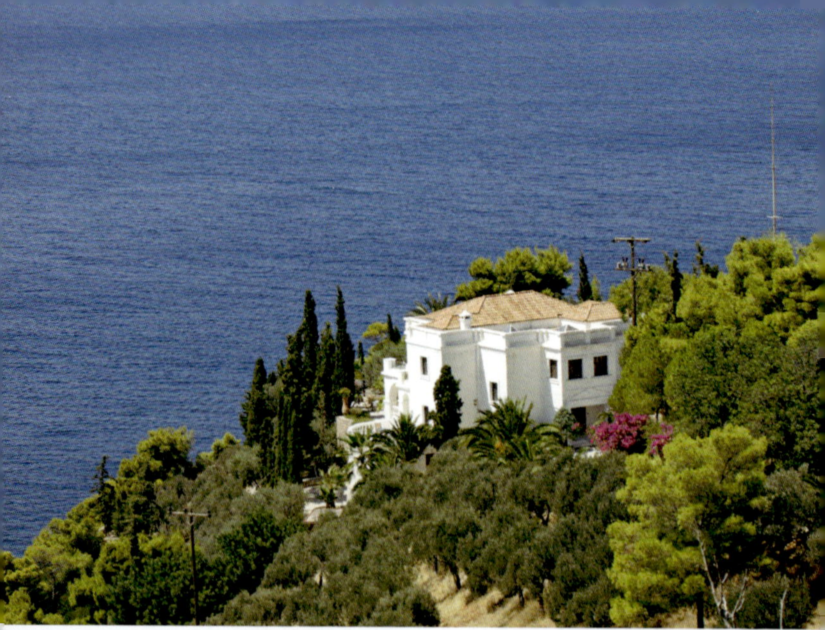

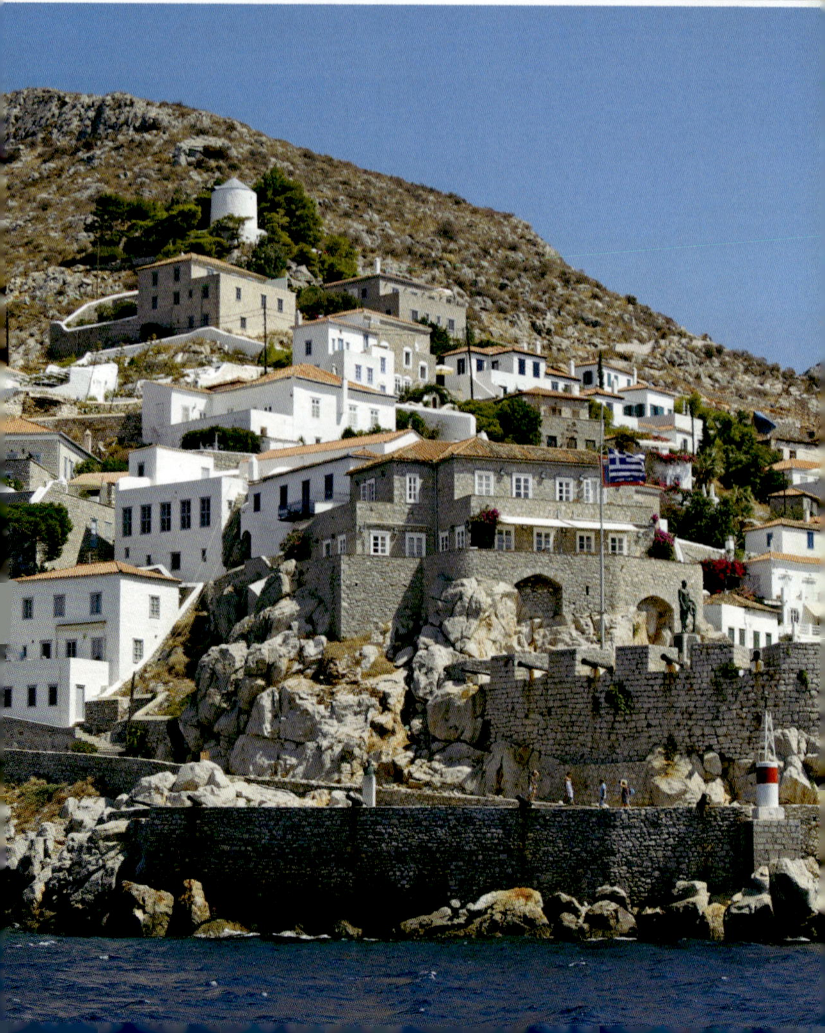

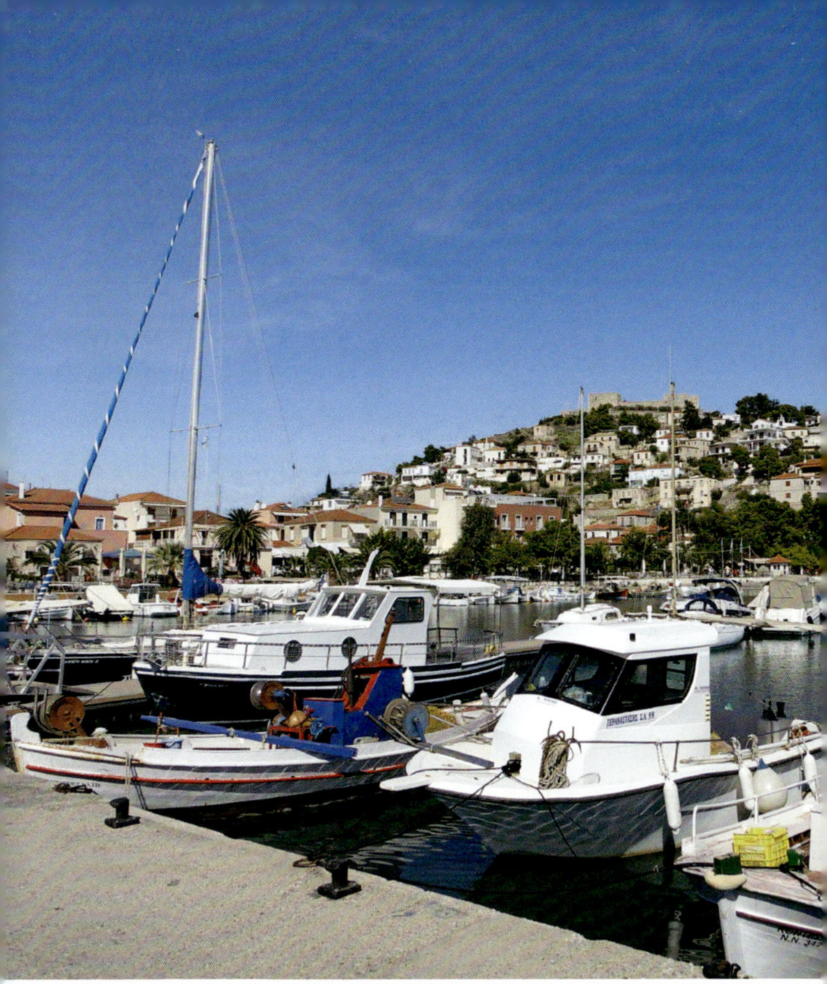

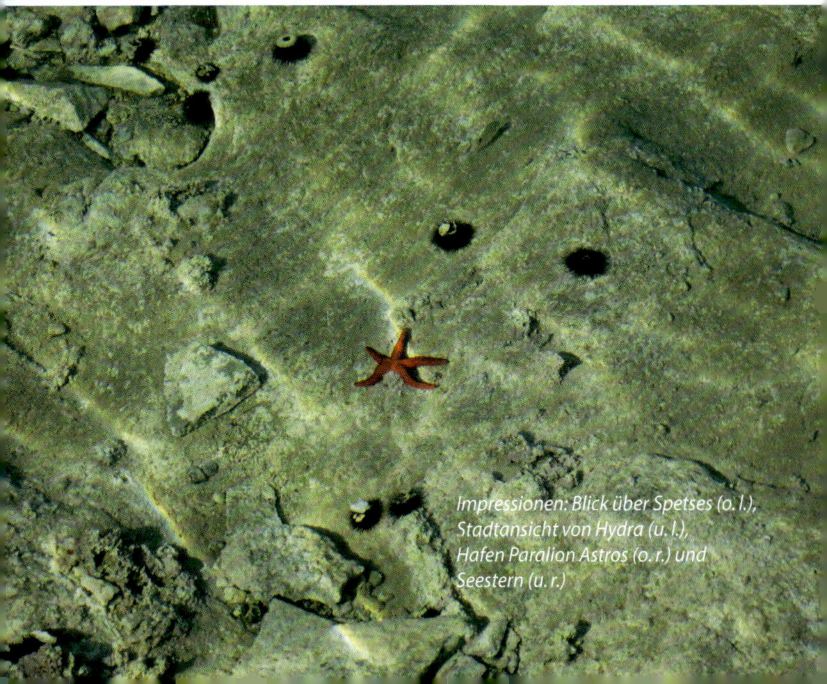

Impressionen: Blick über Spetses (o. l.), Stadtansicht von Hydra (u. l.), Hafen Paralion Astros (o. r.) und Seestern (u. r.)

Routen zum Argolischen Golf bis Nafplion …

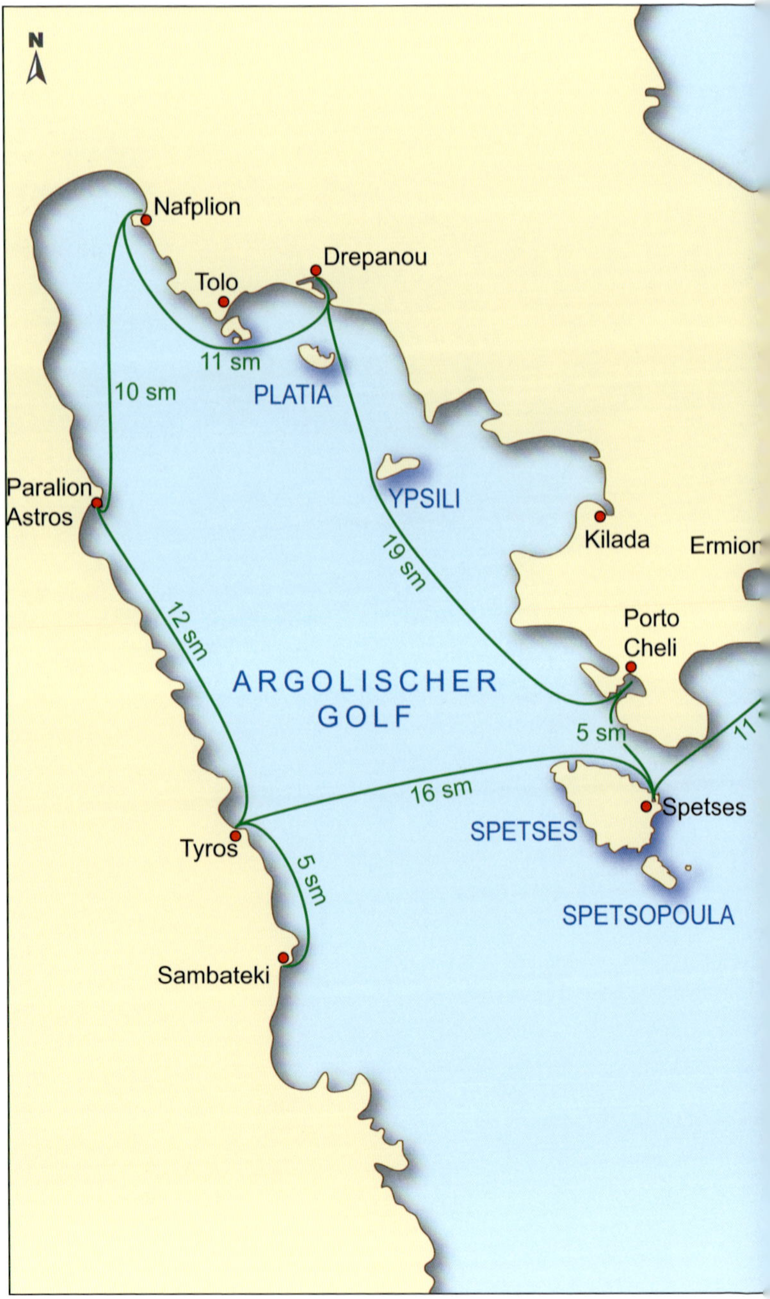

... mit den Inseln Hydra, Dokos und Spetses

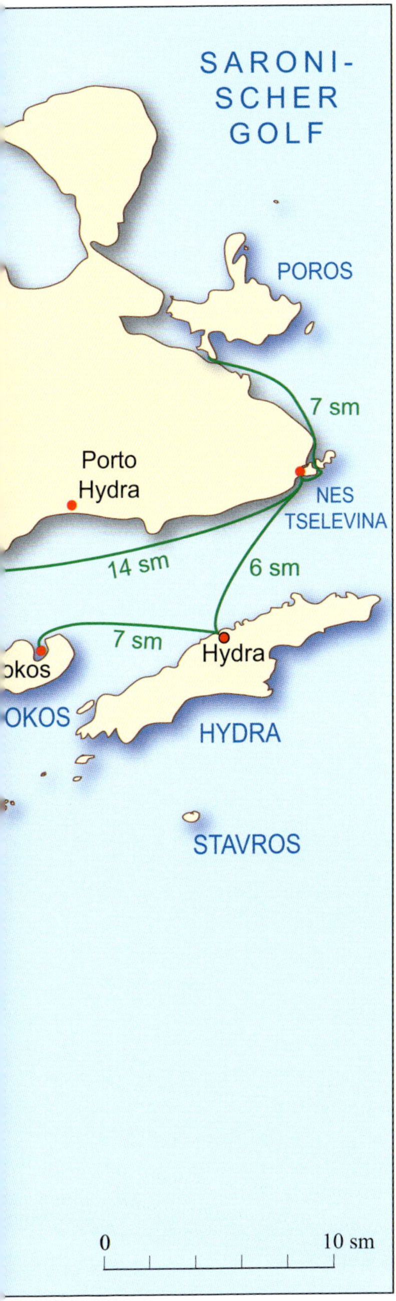

Von Poros aus reihen sich die mondäne Insel **Hydra**, das unbewohnte Eiland **Dokos** und die grüne Insel **Spetses** in Katzensprungnähe aneinander. Der Argolische Golf zieht sich fast wie ein Fjord nordwärts hinter Spetses und Hydra ins Festland hinein und ist von hohen Bergen umgeben. Seine Ostküste zeigt sich lieblich und bis an die Ufer bewaldet. Die steile Westküste des Argolischen Golfs wirkt rau und wild; das Bild wird jedoch immer wieder von idyllischen Buchten und Hafenorten aufgelockert.

Hat man eine Woche Zeit, ist die Insel Spetses oft der südwestlichste Punkt der Reise, es sei denn, die Crew möchte viel segeln und schreckt nicht vor langen Tagestörns zurück. Nafplion beispielsweise liegt tief im Argolischen Golf, von Spetses wartet dann noch einmal ein langer Schlag von rund 25 sm. Viel Zeit für Landerkundungen bleibt dann natürlich nicht, gerade wenn Sie für den Weg zurück zu den Athener Marinas noch etwas Puffer einplanen möchten.

Für Reisende, die längere Tagesetappen mögen oder 10 bis 14 Tage Zeit haben, lohnt sich von den Inseln ein Abstecher zu den Küstenorten am Peloponnes aber allemal, finden sich hier doch eine ganze Reihe von reizvollen Orten, die nicht so überlaufen daherkommen wie die Hotspots auf den beliebten Inseln. Je weiter man in den Argolischen Golf hinein segelt, desto ruhiger wird es – in der Nebensaison trifft man hier fast nur noch Fahrtensegler. Da sind die »Kämpfe« um den Platz im Hafen auf den beliebten Routen im Revier schnell vergessen.

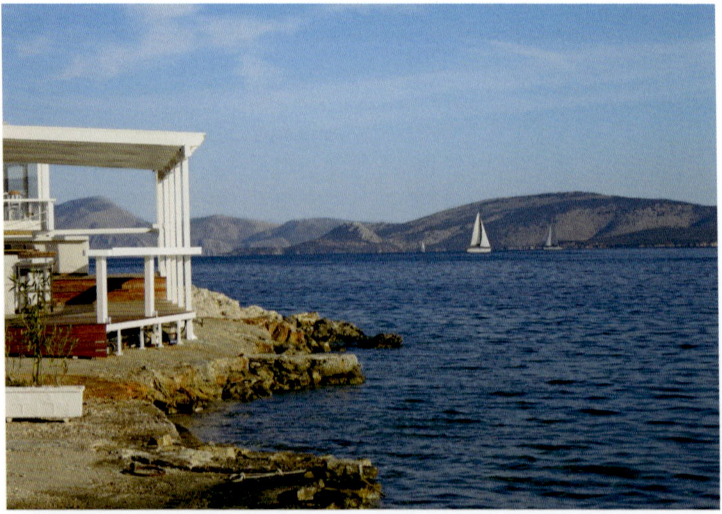

Blick von Ermioni auf die Insel Dokos

Nicht nur die ehemalige Hauptstadt **Nafplion** lockt im Scheitel des Golfs mit ihrer imposanten Festung, sondern auch kleine Hafenorte lohnen eine Stippvisite: Die freundliche Ortschaft **Ermioni** und die Buchten rund um den **Ferienort Porto Cheli** werden von Seglern wegen ihrer Nähe zu Hydra bzw. Spetses gerne angelaufen. Abseits der gängigen Routen liegen dann die Bucht von **Vivari (Drepanou**), der Ferienort **Paralion Astros** am gegenüberliegenden Peloponnes-Ufer, dessen Berg eine kleine Festung schmückt, oder der Strandweiler **Tyros**.

Nautische Informationen

Der Wind zeigt sich ab der Wetterscheide Dokos von einer anderen Seite und wird deutlich weniger vom Meltemi beeinflusst. Meist herrschen im Argolischen Golf Land-Seewinde vor. Nachts und morgens früh weht es oft aus Nord, der dann im Laufe des Vormittags auf Süd dreht, am Nachmittag noch mal zunimmt und am frühen Abend einschläft. Generell kann es im Westen des Golfes oft um 1–2 Bft. stärker wehen als auf der Ostseite. Auch rauschen hier (besonders auf der Höhe von Paralion Astros) starke Fallböen von den Bergen, und im Frühjahr und Herbst kann es schnell einmal zu Gewittern kommen.

Je weiter man die die Ostküste des Peloponnes hinunter segelt, desto eher wird das Revier wieder vom Meltemi beeinflusst.

Inselgruppe Tselevinia

Von Poros kommend wartet nach knapp 7 sm die kleine Inselgruppe Tselevinia mit glasklarem Wasser und gegen Nordwind gut geschützten Ankerplätzen als willkommener Badestopp auf dem Weg nach Hydra. Viele Crews bleiben hier auch über Nacht.

Bei der Ansteuerung von Nord ist die enge Passage zwischen den Inselchen Skylli und Spathy möglich – allerdings ballern hier auch die Schnellfähren durch, die von Poros nach Süden unterwegs sind und für etwas Spannung

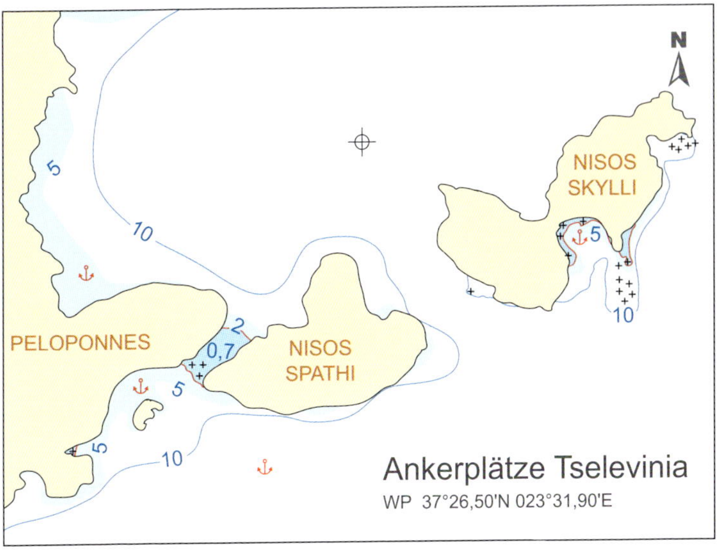

sorgen! Wahrschau: Die Durchfahrt zwischen Nisos Spathy und dem Peloponnes ist nicht möglich, da unter 1 m tief!

Yachten ankern meist westlich von N. Spathy nah am Ufer des Peloponnes und hinter dem kleinen namenlosen Inselchen. Die Ankerbucht ist sehr beliebt und in der Hauptsaison schnell überfüllt. Wer ein Plätzchen findet, kann hier herrlich baden und schnorcheln. Versorgungsmöglichkeiten gibt es keine.

Die weitere Küstenlinie zeigt sich bis Ermioni von flachen Sandständen und offenen Buchten gesäumt. Für einen

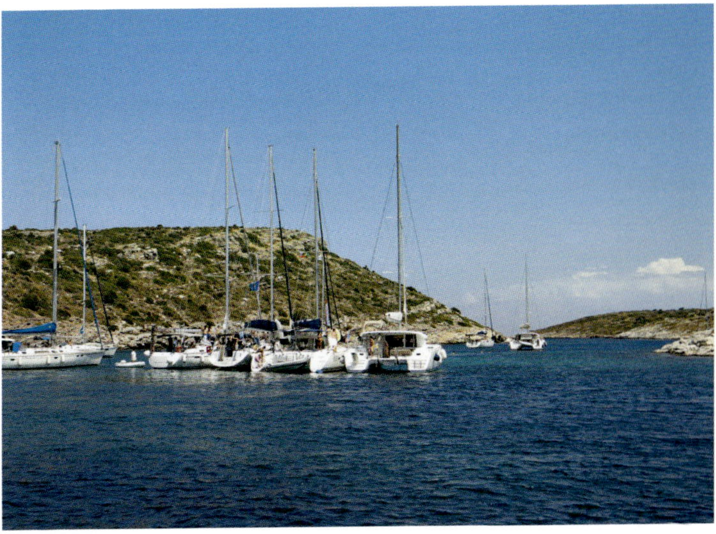

Ein beliebter Ankerstopp zum Baden: die Inselgruppe Tselevinia

Badestopp zur Mittagszeit ist man zwar gegen Nordwind geschützt, aber einigem Schwell ausgesetzt.
Gegenüber der Insel Dokos fallen an der Küstenlinie des Peloponnes die Hotelgebäude des *Hydra Beach Resort* ins Auge. Zur Anlage gehört auch der kleine Hafen **Porto Hydra** (37°24,80'N 023°20,42'E), der am Nord- und Westkai einige Anlegemöglichkeiten für kleinere Yachten bietet (die Hafentiefe ist rund 2–3 m am Westkai und nimmt entlang des Nordkais nach Ost immer mehr ab; der Ostkai hat nur noch 1–2 m Wassertiefe). Allerdings sind viele der Plätze in der Hauptsaison von Festliegern belegt. Wer ein Plätzchen im kleinen, etwas maroden Hafenbecken ergattert, liegt gut geschützt und kann von hier entweder nach links oder rechts zu einem der beiden Strände schlendern. Dort lässt sich nach einem Bad in der *Knot-Beachbar* ein erfrischender Drink schlürfen. Die Kanäle, die östlich vom Hafen aus durch eine private Ferienhausanlage fließen, sind für flachgehende Motorboote gebaut und für Segler nicht geeignet.

INSELSTECKBRIEF HYDRA UND DOKOS

Größe und Geografie: Die beiden Inseln gleichen sich geografisch in mehreren Punkten: Sie sind kahl, bergig und wenig fruchtbar. Ansonsten könnten sie aber unterschiedlicher nicht sein:
Hydra, die Insel der Seefahrer, wirkt von Weitem wie ein langgezogener kahler Felsklotz im blauen Meer und macht einen rauen und abweisenden Eindruck. Die schroffen Berge – der höchste ist der fast 590 m hohe *Eros* – und die felsigen Küsten lassen kaum vermuten, warum sich die Insel zu einer der beliebtesten Saronischen Eilande entwickelt hat. Beim Näherkommen an die malerisch gelegene Inselhauptstadt werden Sie jedoch schnell erkennen, weshalb die knapp 50 km² große Insel heute bei Künstlern und dem internationalen Jetset so beliebt ist. Steuert man den an der Nordküste gelegenen Hauptort an, verzaubert der Anblick Hunderter schmucker Patrizierhäuser, die sich die Hänge links und rechts des Hafens heraufziehen. In diesem malerischen Seefahrerstädtchen lebt auch die Mehrzahl der rund 1900 Einwohner, die allesamt recht gut vom Tages- und Individualtourismus leben können. Bausünden aus Beton fehlen ebenso wie Pauschaltourismus mit all seinen Nebenwirkungen wie Neonreklamen und akkurat aufgereihten Strandliegen aus Plastik. Dass Hydra komplett auto- und motorradfrei ist und Menschen und Güter per Maulesel von A nach B transportiert werden, macht einen Besuch der Insel noch reizvoller: Trotz lebendigen Treibens in den Gassen herrscht zwischen den alten Kapitänshäusern eine ruhige Gemütlichkeit, die nirgends durch das Geknatter von Motoren gestört wird. Auch für Segler ist Hydra das Traumziel eines Törns durch den Saronischen Golf – leider sind gute Liegemöglichkeiten rar: Im Inselhafen von Hydra machen sich Segelyachten, Motoryachten, Fähren, Fischer- und Taxiboote tagein tagaus Konkurrenz um die wenigen verfügbaren Plätze; auch sichere Buchten gibt es nicht im Überfluss, nur an der Nord- und Südwestküste findet sich die ein oder andere Einbuchtung.

Für Freunde des Ankerns ist die **Schwesterinsel Dokos** schon interessanter. Die westlich von Hydra gelegene, knapp 13 km² große Insel ist ebenso wie ihre große Schwester ziemlich kahl und die höchste Erhebung mit 288 m auch deutlich flacher als auf Hydra. Sie wird oft als Wetterscheide bezeichnet, bis hier hin reicht der Atem des Meltemi. Im Vergleich zum lebendigen Hydra könnte das nahezu unbewohnte Dokos in nicht größerem Kontrast stehen: Orte fehlen ebenso wie Einwohner, nur ein paar Ziegen und einige Hirten bewohnen saisonal die ansonsten entvölkerte Insel. Früher wurde hier rotes Gestein abgebaut, das durch seine besondere Härte glänzte. Heute laufen Segler gerne die von steilen roten Hängen umrahmten Buchten an und genießen Einsamkeit pur, einzig das Glockengeläut der Ziegen tönt in die Stille hinein.

Wichtige Häfen: Hafen Hydra

Highlights: Abendspaziergang durch Hydras steile Gassen und Sonnenuntergang vor den roten Bergen in Ormos Skintos auf Dokos

Weitere Infos: www.hydra.gr.

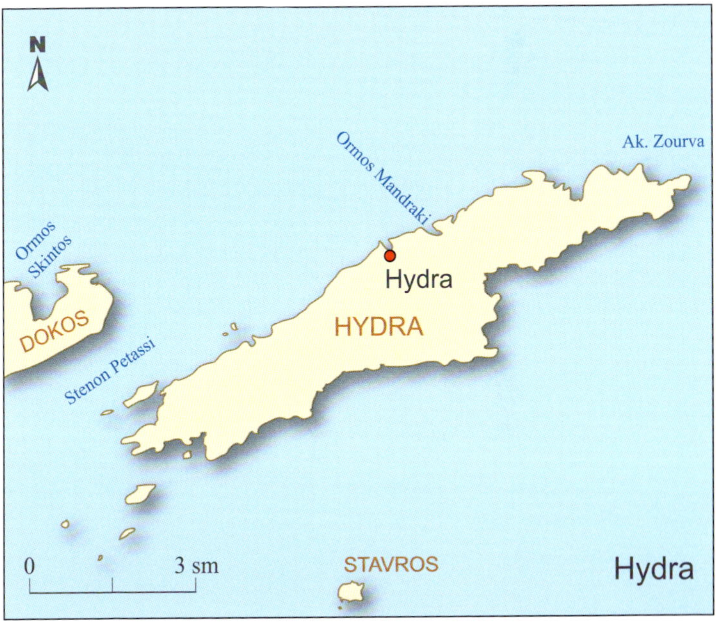

Hydra Buchten und Häfen

Yachten laufen meist nur die Nordküste der rund 20 km langen und nur 4 km breiten Insel an. Hier liegt, rund 36 sm von Athen entfernt, auch der Haupthafen der Insel, **Limin Hydras**. Ist es hier voll, bleiben nicht allzu viele Alternativen. Die beste Möglichkeit bei schwachen oder südlichen Winden ist die Ankerbucht **O. Mandraki**. Weht es aus Nord, sind Sie dem auflandigen Wind und den Wellen ausgeliefert.

Rund um den südwestlichen Inselzipfel werfen manche Yachten bei ruhigem Wetter ihren Anker in einer der tiefen Einbuchtungen für einen Badestopp. Das Wasser an der felsigen Südwestküste schmeichelt in klarstem blau und türkis, ist aber auch von Riffen und Unterwasserfelsen gespickt, weshalb die Ansteuerung nur bei ruhigem Wetter mit einem Ausguck am Bug und einem sorgsamen Blick in die Seekarte empfehlenswert ist.

Generell empfiehlt sich für die Törnplanung folgendes Vorgehen: Wer Hydra ansteuern will, sollte sich früh auf den Weg machen. Am besten erreicht man den beliebten Hafen schon am Vormittag, um noch ein freies Plätzchen zu bekommen. Gelingt das nicht, und kommt auch Ormos Mandraki wegen Nordwind nicht infrage, segelt man weiter zum Hafen Ermioni am Peloponnes. Von dort verkehren täglich Fähren nach Hydra und zurück.

Die Bucht **Ormos Mandraki** (37°21,40'N 023°28,85'E) liegt nur eine Seemeile östlich von Hydra Stadt. Im Hochsommer wimmelt es auch in Mandraki nur so von Yachten, insbesondere wenn der Hafen Hydra schon voll ist. In der nach Norden offenen Bucht ankert die Crew entweder frei schwojend in der Mitte der Bucht oder macht mit Landleinen zum nordöstlichen Ufer fest. Die kleinen Stege im Scheitel der hübschen Bucht dienen den Taxibooten zum Anlegen und sind für Yachten zu flach.

Versorgung: Am kleinen Strand öffnen eine gemütliche Taverne und ein Hotelrestaurant ihre Türen für Badegäste und Bootscrews, Taxiboote fahren im Halbstundentakt zur schönen Stadt hinüber. Man erreicht sie aber auch gut per Pedes nach einem etwa 20-minütigen Spaziergang entlang der Küstenstraße.

Hafen Hydra

Navigatorisch ist die Ansteuerung des Hafens von Hydra nicht sehr anspruchsvoll, wäre da nicht eine gewisse Anspannung angesichts der Frage: »Bekommen wir einen Platz oder nicht?« Die Chancen erhöhen sich deutlich, wenn man sehr früh ankommt und Leinen und Anker schon vor der Einfahrt parat hält, um zügig

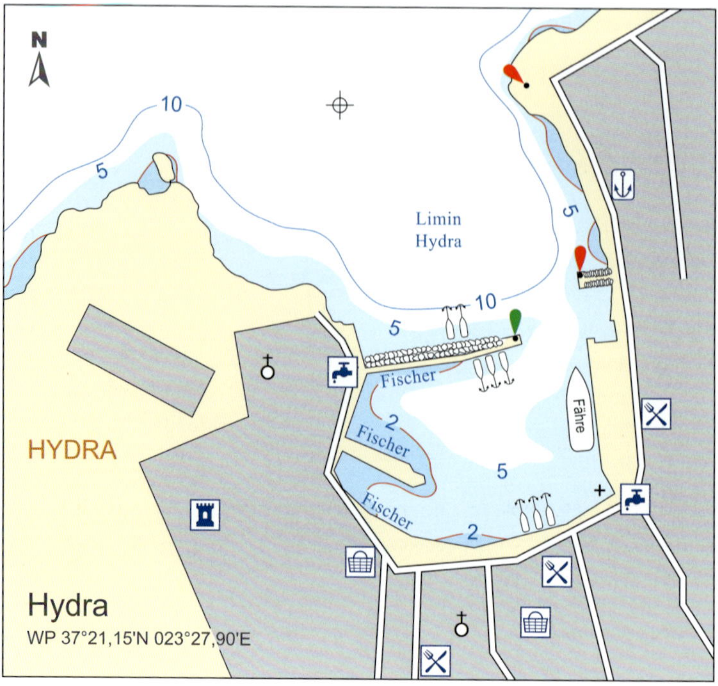

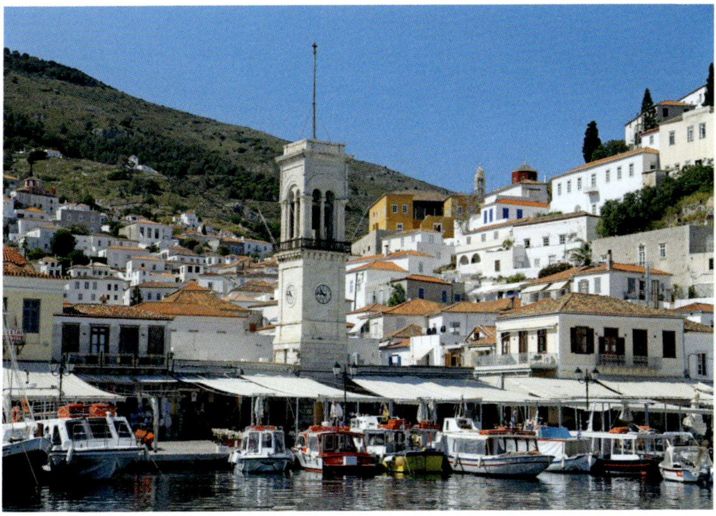

Malerisch in den Hang gebaute Kapitänshäuser zieren den Hafen Hydra.

in die letzte Lücke zu gleiten. Denn Plätze für Yachten gibt es im kleinen Hafenrund nicht gerade en masse. Die Liegeplätze am Südkai sind meist die ersten, die belegt sind, viele Stellen sind für Taxiboote reserviert. Die beste Wahl für Segler bleiben dann die Plätze auf der Innenseite der Hafenmole, an der man mit eigenem Anker (bestenfalls mit einer Tripleine versehen) festmacht. An manchen Stellen muss hier etwas Abstand zur Mole gehalten werden, weil große Steine den Grund unrein machen. Oft legen Yachten hier auch in zweiter und dritter Reihe an – das Entwirren des Ankersalates am nächsten Morgen ist meist keine große Freude. Die Piers im westlichen Teil gehören den Fischern, der Kai im Osten ist für Fähren freizuhalten. Große Yachten legen bei ruhigem Wetter auch an der Außenmole an und machen mit langen Leinen an den Steinen fest, an denen auch Festmacheringe installiert sind.

Service und Versorgung: Am Südkai und an den Liegeplätzen hinter der Mole gibt es Wasser, das sehr teuer ist, weil es täglich vom Festland hierher gebracht wird. Einige Mini-Märkte, Bäckereien, ein kleiner Fisch- und Gemüsemarkt und EC-Automat versorgen die Crew mit dem Nötigsten – für einen Großeinkauf eignet sich Hydra jedoch nicht. Stattdessen laden zig Tavernen, Cafés und Bars rund um den Hafen zu Speis und Trank – das Preisniveau ist etwas höher als auf den anderen Inseln im Revier. Dafür sitzt man aber in einem der schönsten Hafenorte der Ägäis und darf ein wenig von der mondänen Stimmung schnuppern. Auch an Souvenirläden, Geschäften für Kunsthandwerk und Modeboutiquen mangelt es nicht. Weil keine motorisierten Fahrzeuge verkehren, kann man die Insel nur per Pedes oder auf dem (Miet-)Esel reitend erkunden. Wassertaxis fahren zu den umliegenden und entlegenen Badebuchten, Fähren nach Ermioni, Poros, Spetses und Athen.

Landgang: Die prachtvollen Kapitänshäuser rund um den Hafen er-

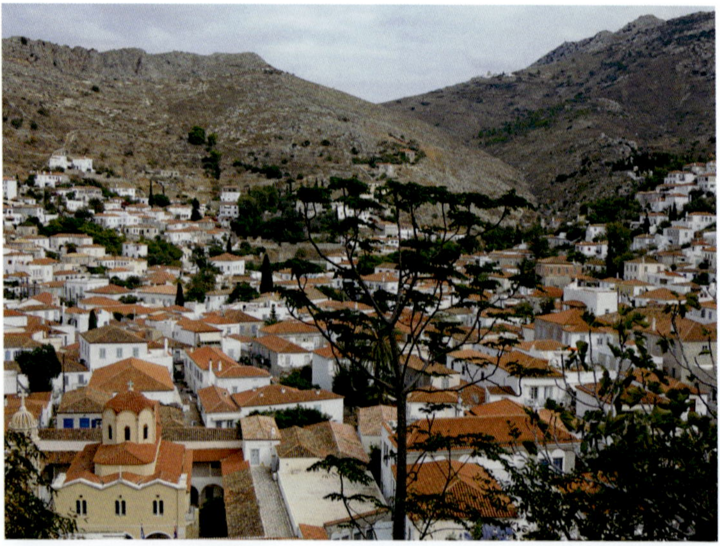

Blick über die Dächer der Stadt

innern noch an die alten Zeiten der Stadt, als sich die Bewohner auf den Schiffsbau spezialisierten und als hervorragende Seeleute galten, die im Befreiungskrieg gegen die osmanische Herrschaft ab 1821 eine bedeutsame Rolle spielten: Den hydriotischen Reederfamilien gehörte um diese Zeit eine mächtige Flotte von 124 Schiffen, die maßgeblich zur Unabhängigkeit Griechenlands beitrugen. Leider wurden zum Schiffsbau in der Vergangenheit fast alle Bäume der Insel abgeholzt, was ihr kahles Aussehen in großen Teilen erklärt, den Rest erledigten Waldbrände. Nach dem Befreiungskampf gegen die Türken geriet Hydra etwas ins Abseits – der Schiffbau brachte nicht mehr die erwünschten Einnahmen. Doch nach den Reedern zog es ab den 1950er-Jahren Künstler auf die Insel, auch ausgelöst durch die Ausstrahlung eines Kinofilms mit Sophia Loren, der auf Hydra spielte. Maler, Schauspieler und Musiker verbrachten ihre Ferien auf der Insel oder kauften sich kleine Häuser als Rückzugsort und Quell der Inspiration.

Auch heute lieben Touristen wie Künstler das besondere Flair der Stadt mit ihren Patrizierhäusern aus dem 18. Jahrhundert, die man am besten bei einem Spaziergang am Morgen oder Abend erkundet, wenn die Tagesausflügler Hydra peu à peu wieder verlassen oder noch nicht erreicht haben. Je weiter man die Gassen heraufsteigt, desto ruhiger zeigt sich die Stadt. Herrliche Blicke über den ganzen Hafen und die roten Dächer der Altstadt belohnen für die kleinen Strapazen des Aufstiegs.

Entlang der Hafenfront lassen neben schönen Geschäften auch Museen und Galerien mit wechselnden Ausstellungen die Herzen Kunstinteressierter höher schlagen, wie die Akademie der schönen Künste im Westen des Hafens. Das Marinemuseum zeigt in einem imposanten Gebäude im Osten des Hafens die Geschichte rund um den griechischen Kampf für die Unabhängigkeit ab 1821 und ist täglich von 9 bis 16 Uhr und im Sommer auch noch einmal abends geöffnet. Bleibt noch die Kirche *Kimisi Theotokou* zu erwähnen, die mit ihrem Glockenturm aus Marmor, dem hübschen Arkaden-Innenhof und einem kleinen byzantinischen Museum eine Besichtigung lohnt.

☛ Unser Tipp: Wanderung zu den Inselklöstern

Für Wanderfreunde empfehlen sich längere Touren zu einem der zahlreichen Inselklöster und Kapellen. Nach einem steilen, rund 90-minütigen Aufstieg in die Berge oberhalb der Stadt erreicht man z. B. das Kloster ***Prophitis Elias****, von dem aus ein sagenhafter Rundumblick über Land und Meer verzaubert.*

Dokos Buchten

Dokos' Nordküste wartet zum Beispiel mit **Ormos Skintos** und dem **Limin Dokou** gleich mit zwei schönen Ankerbuchten auf. Die Südküste der Insel zeigt sich bis an die Ufer tief und lädt nicht zum Ankern ein. Bei der Passage von Dokos ist zu beachten, dass sich das Wetter rund um das unbewohnte Eiland Dokos oft von wechselnder Gestalt zeigt, was sich insbesondere bei der Passage des **Stenon Dokou** durch kabbelige See, Düsenwirkung und Strömung bemerkbar macht. Hier kann es von Nöten sein, zur Unterstützung gegen Strom, Welle und Wind zusätzlich unter Motor zu fahren.

Die große Bucht **O. Skintos** (37°20,50'N 023°20,20'E) schneidet fast 1 sm tief ins Land ein. Yachten ankern je nach Windverhältnissen, meist aber im Nordosten der Bucht auf Sandgrund, der an einigen Stellen mit Seegras bewachsen ist. Bevor der Anker fällt, muss man relativ nah ans Ufer fahren, um auf Wassertiefen von unter 10 m zu stoßen. Wenn schon viele Boote frei schwojen, hilft eine Landleine – das gilt auch für den südlichen Teil der Bucht. Die meisten der Boote holen abends ihren Anker hoch und laufen noch einen Hafen an, sodass man nachts manchmal allein in der Bucht liegt und in Ruhe die Sterne be-

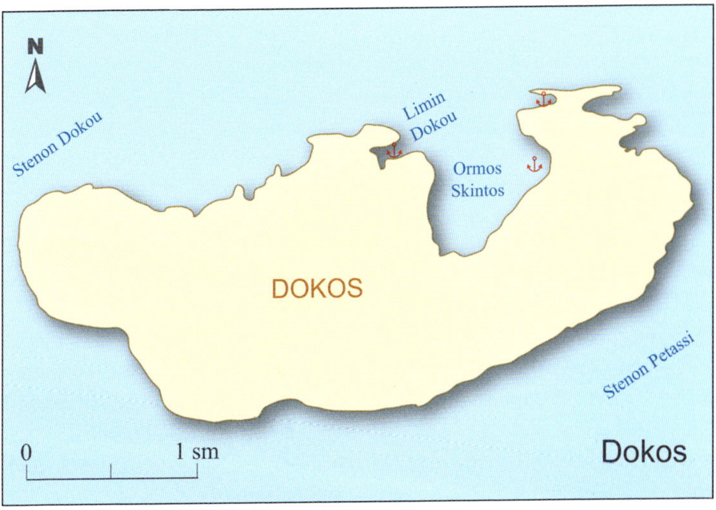

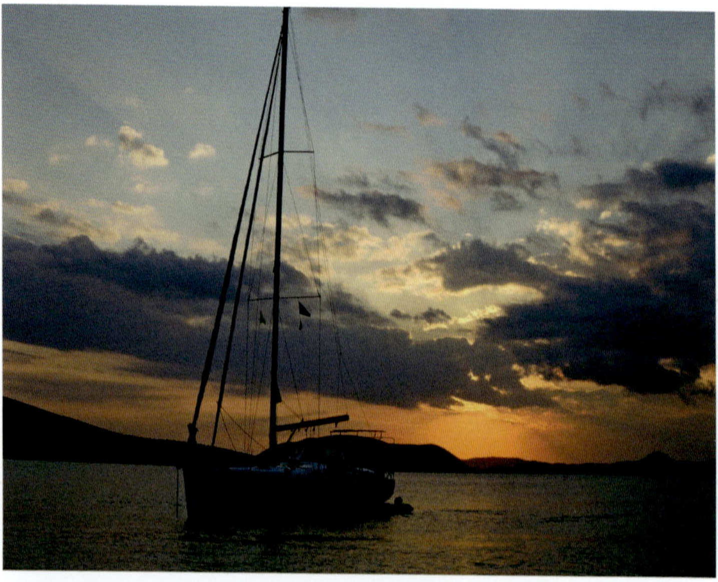

Ankeridylle pur beim Sonnenuntergang im Limin Dokou

obachten kann – Ankeridylle pur. An Land gibt es einen rotsandigen Strand, eine weiße Kapelle und sonst: nichts! Im Nordwesten von O. Skintos lockt eine Einbuchtung in Form einer Wünschelrute, der **Limin Dokou** (37°20,70'N 023°19,70'E) mit gutem Schutz gegen Wind und Wellen – hier finden allerdings nur wenige Yachten Platz. Die Crew lässt den Anker bei rund 7 m mit Blick auf den Grund fallen, weil am Boden eine schwere Kette liegt. Zum Ufer hin wird es schnell seicht. Rund um die zauberhafte Einbuchtung stehen zwar nur ein paar Häuser, trotzdem herrscht hier eine sehr schöne Stimmung, besonders im Abendlicht. Zudem zeigt sich das Wasser herrlich klar und lädt zu einer Erkundung der Unterwasserwelt mit Flossen und Schnorchel ein!

Achtung: Auf dem Weg von Dokos Richtung Spetses halte man sich frei von den Klippen rund um das Kap Ak. Emilianos (auch Milianos genannt) und seinem vorliegenden Riff Vr. Kunupia, in dessen Richtung die Strömung zeitweise versetzt. Yachten auf dem Weg nach Ermioni halten sich ebenso frei von der Küste und den südlich von Ermioni liegenden Kapari-Felseninseln (Ns. Kapari), deren Felsen teils überspült sind und unter Wasser liegen.

Hafen Ermioni

Wurde der Hafen Ermioni früher von Yachten meist nur angelaufen, wenn auf Hydra kein Platz mehr zu bekommen war, mausert sich das Hafenstädtchen mehr und mehr zu einem beliebten Seglertreffpunkt, der gleich mit zwei Möglichkeiten zum Anlegen aufwartet:

Einen sicheren und lebendigen **Yacht- und Fischerhafen** im Norden der Landzunge und einen etwas ungeschützteren Kai entlang der Promenade im südlichen Ortsteil, auch Mandraki genannt.

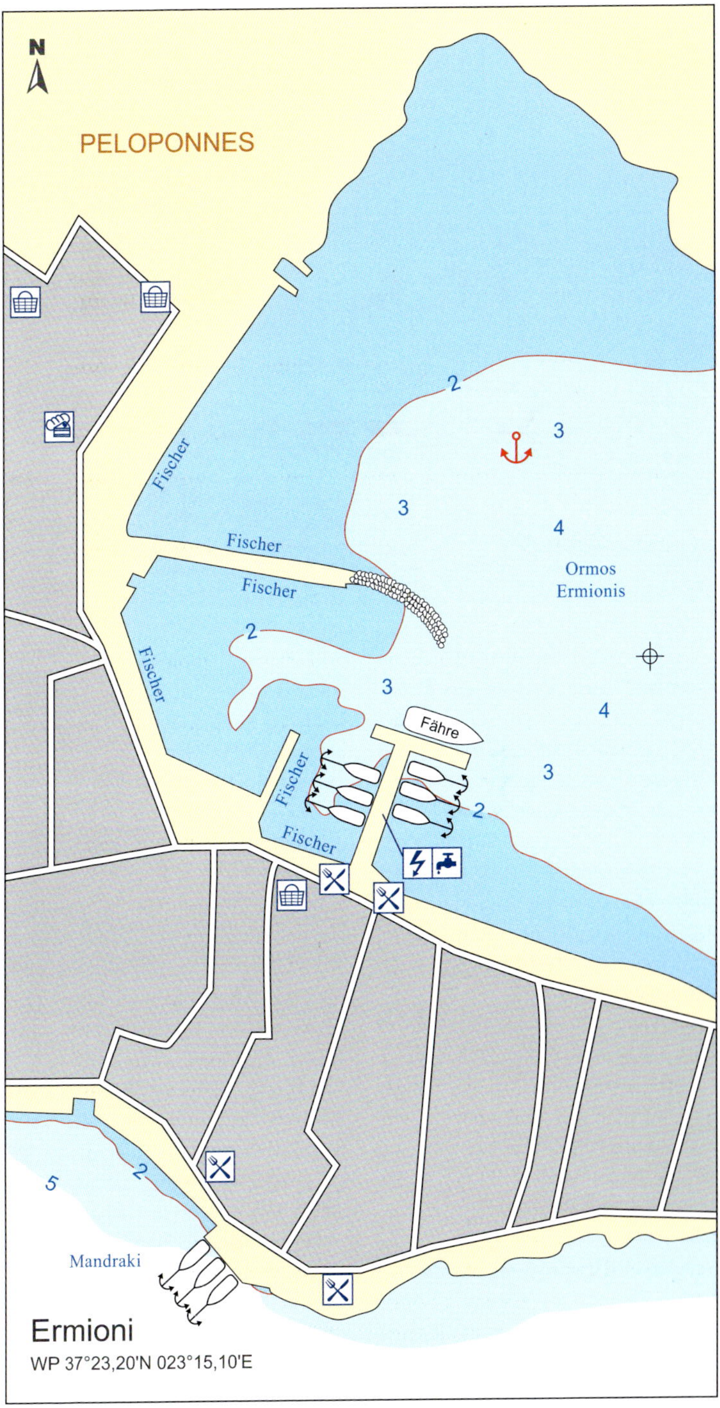
N
PELOPONNES
Fischer
Fischer
Fischer
Fischer
Fischer
Fischer
2
3
3
4
Ormos
Ermionis
2
3
4
3
2
Fähre
2
5
Mandraki
Ermioni
WP 37°23,20'N 023°15,10'E

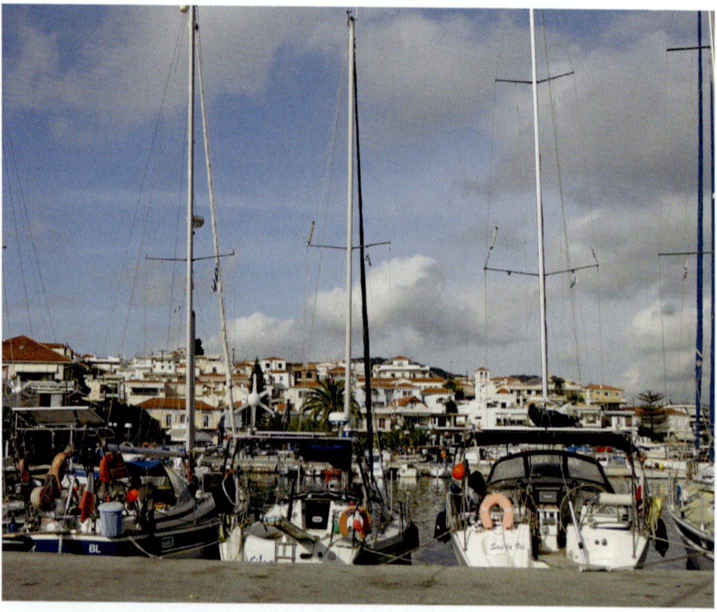

Im Haupthafen Ermionis herrscht lebendiger Alltagstrubel.

Haupthafen im Norden des Ortes: Bei der Ansteuerung von Ermioni, das sich charmant über beide Teile der bewaldeten Landzunge erstreckt, gibt es außer den Felseninseln Ns. Kapari etwa 1 sm südlich der Landspitze keine weiteren Hindernisse. Bei der Einfahrt in den Limenas Ermionis (Nordhafen) halte man sich vom Südufer fern, weil hier alte Molenreste unter Wasser liegen.

Yachten liegen mit eigenem Anker entweder an der Außenseite der südlichen Pier oder, besser gegen Schwell geschützt, an der Innenseite der Pier im Schutz des Hafenbeckens. Im Norden der Hafenbucht ankert man sehr sicher, allerdings ist der Untergrund teils unrein.

Service und Versorgung: An der Pier gibt es Säulen für Wasser und Strom, Diesel per Tankwagen und Cafés und Tavernen entlang der Wasserfont. Im Restaurant *Ganossis* direkt am Hafen isst man nicht nur lecker, sondern kann auch eine warme Dusche im angrenzenden Hotel genießen. Bäckerei und Mini-Markt liegen direkt am Hafen, ein sehr gut sortierter Supermarkt lädt an der nordwestlichen Ortsausgangsstraße zum Großeinkauf ein. EC-Automaten finden sich in der ursprünglichen Ortschaft ebenso wie Autovermietungen und Reisebüro. Busse fahren nach Galatas und ins Kreisstädtchen Kranidi, Fähren nach Athen, Hydra und Spetses.

Landgang: In Ermioni gibt es nicht allzu viel Sehenswertes, dafür kann man herrlich in das griechische Alltagsleben eintauchen, durch die Gassen bummeln und in kleinen Souvenirläden stöbern. Durch die steilen Gassen überquert man die Landzunge von Nord nach Süd und erlebt Ermionis ruhige Südseite. Ein schöner Spaziergang führt außerdem über die lieblich mit Pinien bewachsene Land-

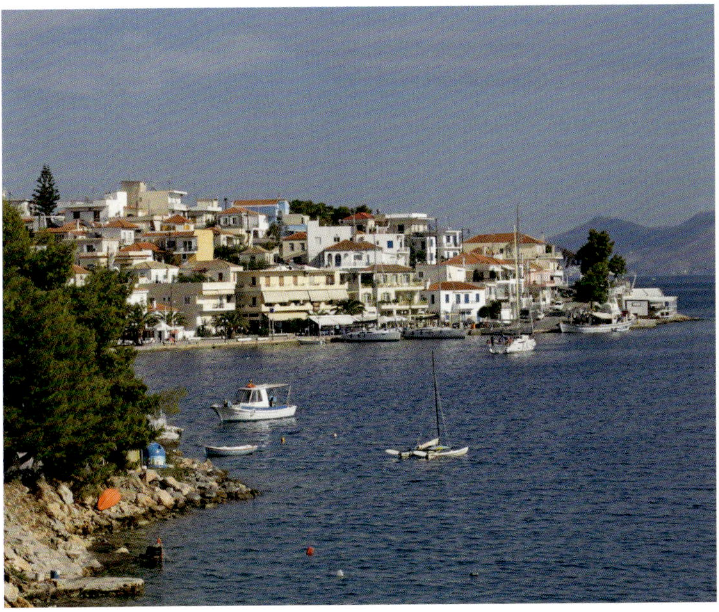

Etwas ruhiger geht es in Mandraki zu, im Südteil der Landzunge.

zunge, auf der die Grundmauern des antiken Ermionis versteckt liegen und einige schöne Badestellen warten.

Unser Tipp: Marktag am Donnerstag

Jeden Donnerstag halten Bauern und Händler aus der Region Markttag ab und bieten frisches Obst, Gemüse, Kräuter, Fisch, Tees, Küchenutensilien und alles, was man fürs Leben braucht, feil – es geht fast zu wie auf einem orientalischen Basar.

Der Hafenkai von **Mandraki** (im Süden der Landzunge und im Norden der Bucht Ormos Kapari gelegen) verzückt durch seine friedliche und ruhige Stimmung – hier geht es nicht so geschäftig wie im Haupthafen zu. Abends klingt dafür die Musik aus den Bars herüber. Einen Nachteil hat all die Gemütlichkeit allerdings: Die Liegeplätze entlang des Kais sind schlecht geschützt und nur bei ruhigem Wetter oder nördlichen Winden sicher. Lassen es die Wetterverhältnisse zu, legt man mit eigenem Anker am flachen Kai nahe der Tavernen an und steckt viel Ankerkette, weil der Grund steil und tief abfällt. Im Westen der großen Bucht kann man auch frei ankern.

Service und Versorgung: Wasser- und Strom bekommt man bei den Wirten der Tavernen und Cafés, die entlang der freundlichen Hafenpromenade auf ihre Gäste warten – sofern Sie nett fragen. Am Wochenende erschallt manchmal etwas lautere Musik aus einer der Bars. In Richtung Landzunge servieren urige Fischtavernen feine Meeresfrüchte bei einem traumhaften Blick von der kleinen Anhöhe. Weitere Versorgungsmöglichkeiten rund um den Haupthafen im Norden, den man nach 10 Minuten Fußweg durch die Gassen über den Hügel erreicht.

INSELSTECKBRIEF SPETSES

Größe und Geografie: Die liebliche Insel Spetses erhebt sich auf einer maximalen Höhe von knapp 250 m sanft aus dem Meer, nur 1,3 sm von den Küsten des Peloponnes und 16 sm vom Hafen Hydra entfernt. Das dicht mit Pinien und Kiefern bewaldete Eiland hat eine Größe von rund 22 km²und bildet mit der kleinen Insel Spetsopoula (in Privatbesitz) die südlichsten Inseln im Revier. Ihr Name leitet sich vom venezianischen *Isola delle Spezie* (Insel der Gewürze) ab, wie die Insel zu Zeiten der venezianischen Herrschaft genannt wurde. Gewürze wachsen zwar nicht in den sanften Hügeln der Inseln, dafür aber Mandelbäume und Zitrusfrüchte. Die rund 4000 Einwohner leben aber mehr vom Tourismus als von der Landwirtschaft, denn Spetses ist wegen seiner guten Bademöglichkeiten bei Ausflüglern und Reisenden gleichermaßen beliebt. Das Inselleben spielt sich rund um den italienisch angehauchten Hauptort von Spetses im Nordosten der Insel ab, die übrigen Küsten schmücken einsame Buchten und tolle Strände. Autos sind auf der grünen Insel verboten und nur Zweiräder sowie Pferdekutschen erlaubt.

Wichtige Häfen: Hafen Spetses

Highlights: Rollertour rund um die Insel und den Tag in einer der guten Tavernen am alten Hafen bei einem Meeresfrüchte-Saganaki ausklingen lassen.

Weitere Infos: www.spetses.gr

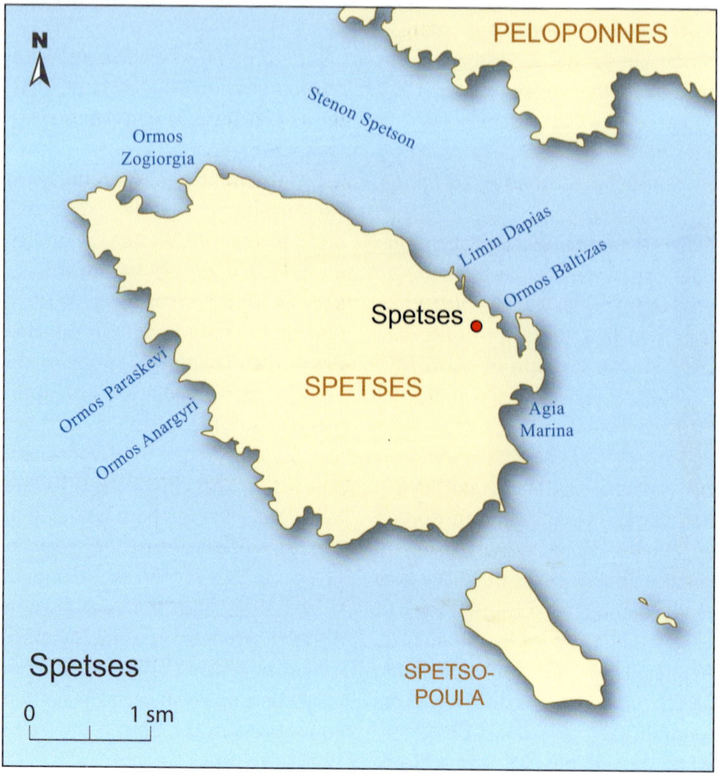

Spetses Buchten und Häfen

Der einzige sichere, aber auch sehr überlaufene Hafen der Insel liegt an der Nordostküste: Hier schneidet die **Bucht O. Baltizas** tief ins Land ein und beherbergt den alten Hafen von Spetses. Etwas weiter westlich legen näher der Stadt im **Limin Dapias** die Fähren an. Notfalls sind auch hier einige Liegeplätze für Yachten zu finden – allerdings sind sie Wind und Schwell an dieser Stelle ungeschützt ausgesetzt. Findet sich keiner der beliebten und begehrten Plätze im alten Hafen, lässt es sich rund um die Insel in einer Vielzahl an herrlichen Buchten ankern. Oder Sie weichen alternativ nach Porto Cheli aus und besuchen die grüne Insel mit der Fähre.

Achtung: Aufgrund von Riffen ist zwischen Spetses und der Insel Spetsopoula äußerste Vorsicht geboten!

Hafen Spetses in der Bucht O. Baltizas

Eines gleich vorab: Wer im alten Hafen von Spetses einen Platz finden möchte, sollte am frühen Nachmittag ankommen – Ort und Insel sind bei Seglern sehr beliebt und dementsprechend stark frequentiert.

Bei der Ansteuerung der Bucht O. Baltizas achte man auf die Untiefe nordwestlich der Einfahrt, die durch eine rote Tonne markiert ist. Die Einfahrt der Bucht selbst ist frei von Untiefen, zu beiden Ufern wird es aber schnell seicht (siehe Plan S. 104).

Im Nordwesten der Hafenbucht können Yachten hinter der kurzen Pier Schutz finden oder mit (teils sehr langen) Landleinen entlang der befestigten Ufer im Westen der Bucht festmachen. Man beachte die sehr schnell abnehmende Wassertiefe Richtung Ufer. Das gegenüberliegende Ostufer ist nicht befestigt, bietet aber einige Plätze am Kopf der kurzen Pier nah der Werften. Die besten Plätze für Yachten befinden sich am südwestlichen Kai: Ist hier eine Lücke frei, zögern Sie nicht und huschen Sie schnell hinein – denn von hier kommt man bequem ohne Beiboot an Land.

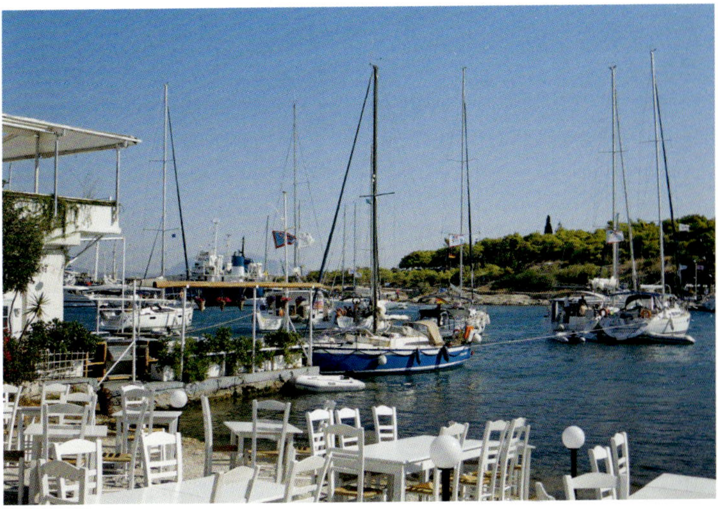

Beliebt wie berüchtigt: Im Hafen Spetses findet sich nachmittags oft kein freier Platz in erster Reihe.

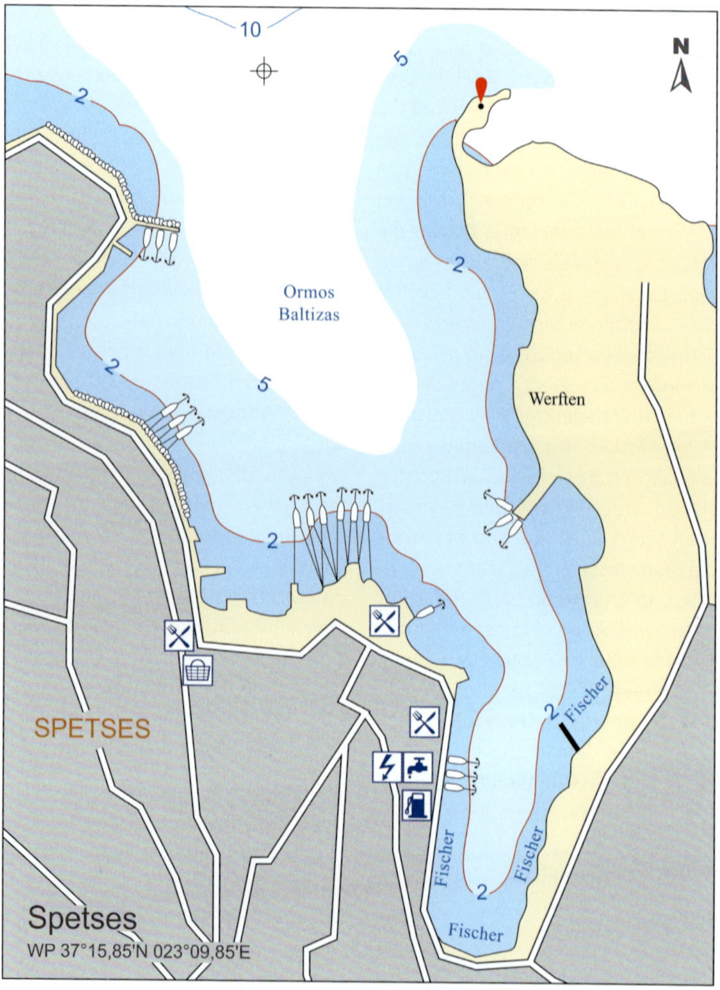

Service und Versorgung: Wasser und Strom gibt es nur am Südwestkai, zudem eine Wassertankstelle. Mini-Markt und Gemüseladen auf dem Weg zur Stadt (siehe Plan), hier fahren auch die Kutschen ab, falls es einem zu weit zum Gehen ist. Ausreichend Tavernen finden sich um den alten Hafen, beliebt ist das *Tarsanas*. Aber auch andere gute, aber nicht ganz billige Restaurants, Bars und Cafés locken um den alten Hafen und weiter westlich in der schmucken Stadt; dort gibt es dann auch EC-Automaten sowie Fahrrad- und Rollerverleih.

Landgang: Die rund 1,8 km vom idyllischen alten Hafen bis zum Stadtzentrum führen über einen Promenadenweg immer am Wasser entlang, geschmückt von zauberhaften Kirchen und klassischen Herrenhäusern mit Holzbalkonen. In den Gassen der teils auch mit modernen Häusern bebauten Stadt herrscht zwar in der Saison einiger Trubel – abends jedoch, wenn die Tagesausflügler die Wasser-

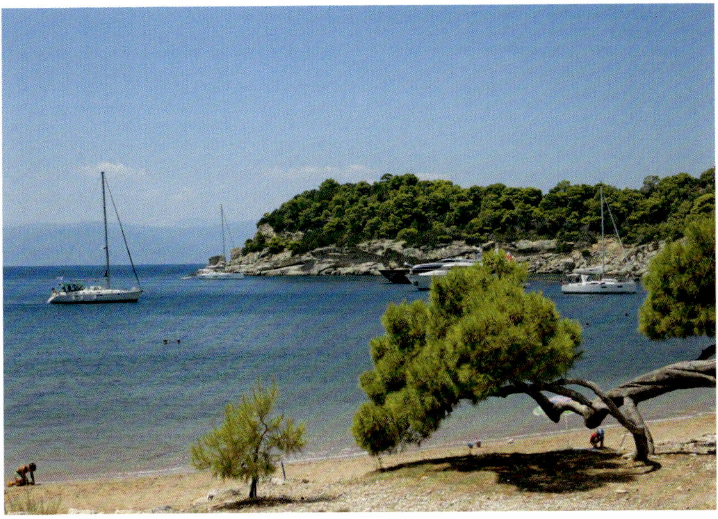

Ormos Ag. Paraskevi lockt im Westen der Insel mit klarstem Wasser.

taxis und Schnellfähren zum Festland bestiegen haben, kehrt aber wieder eine gemütliche Stimmung ein. An der Stadtpromenade zeugt das imposante *Grandhotel Poseidon* vom historisch gewachsenen Reichtum des Eilandes, zunächst als Seefahrerinsel und später als nobler Erholungsort für wohlhabende Bürger aller Herren Länder. Ganz in der Nähe lädt das *Bouboulinas Museum* zum Eintauchen in die Inselgeschichte rund um den Befreiungskampf gegen die Türken ein. Zusammen mit Hydra und Poros spielte Spetses eine maßgebliche Rolle im Unabhängigkeitskampf bis 1822 und war die Heimat der Nationalheldin Laskarina Bouboulinas. Das Museum zeigt in Bouboulinas 300 Jahre altem, herrschaftlichem Wohnhaus Exponate aus dem Leben der Seefahrerin und ist in der Saison täglich geöffnet. Infos unter:
www.bouboulinamuseum-spetses.gr.
Bei der Touristeninformation am Hafen erhält man weitere Informationen und Inselkarten.

☛ Unser Tipp: Rollertour rund um die grüne Insel

Plant die Crew einen Landtag, lädt die Insel quasi zu ihrer Umrundung ein, sei es per Pedes, Fahrrad oder Roller (für die rund 25 km reicht so auch ein halber Tag). Wir haben im letzten Sommer eine Tour mit dem ***Scooter*** *rund um die Insel sehr genossen: Der Küstenstraße mit ihren schroffen und grünen Ufern gen Norden folgend, bietet sich schon bald die malerische* ***Bucht von Zogiorgia*** *für einen Schwimmstopp an. Weiter geht es auf kleinen, aber gut befestigten Straßen durch grüne Wälder, immer wieder laden herrliche Panoramablicke zu einer kleinen Rast am Wegesrand. Vorbei an* ***Agia Paraskevi*** *(guter Ankerplatz) geht es zur Bucht von* ***Agia Anargyri****. Hier kann man in der Strandtaverne nicht nur eine Pause einlegen, sondern auch die* ***Bekiris-Grotte*** *mit Tropfsteinhöhle am Ende des Strandes erkunden (Taschenlampe nicht vergessen!). Über den Inselosten ist die Ortschaft Spetses über* ***Ag. Marina*** *schnell wieder erreicht.*

Weitere Buchten auf Spetses

Zig Buchten laden rund um die Insel zum Badestopp oder auch zur Übernachtung ein. Die große, zweigeteilte Bucht **Ormos Zogiorgia** (37°16,80'N 023°06,40'E) am Nordwestzipfel von Spetses wird von Crews gerne angesteuert. Bläst es nicht gerade stark aus Nord, liegt man gut geschützt und ankert frei schwojend in wundervoller Landschaft über klarstem Wasser. Die Felsen und Steine nah des Ufers sind gut sichtbar. In der westlichen Einbuchtung lockt im Scheitel der Bucht eine Taverne, nah des Strandes darf man aber in der Sommersaison nicht ankern, sondern macht mit etwas Abstand zum Strand mit Landleine zu den Felsen fest.

Auch **Agai Paraskevi** (37°15,50'N 023°06,40'E) im Westen der Insel lädt zum Ankern ein und bietet guten Schutz bei nördlichen Winden. Im Sommer öffnet am Strand eine Beachbar, ansonsten steht dort nur eine kleine Kapelle, inmitten von Pinien, die fast bis ans Wasser wachsen. Weitere Buchten locken entlang der Süd- und Ostküste. Achtung vor Steinen und Felsen, die hier oft unter der Wasseroberfläche liegen!

Das Anlegen rund um die Privatinsel **Spetsopoula**, südöstlich von Spetses gelegen, ist verboten. Rund um das Inselchen wimmelt es nur so von überspülten Felsen und Untiefen, weshalb die Navigation in diesem Gebiet besonders sorgsam erfolgen muss.

Findet sich in und um Spetses keine Möglichkeit, das Boot festzumachen, liegt als Alternative nur einen Katzensprung entfernt am gegenüberliegenden Peloponnesufer **Porto Cheli** mit einem Hafen und zahlreichen Buchten.

Buchten und Häfen entlang der Argolischen Peloponnesküste

Nicht viele Charteryachten segeln tief in den Argolischen Golf, so kann sich die Crew, die es dennoch bis hier hin schafft, auf ursprüngliche Hafenorte freuen, die noch nicht hoffnungslos überfüllt sind. Erster Ort am Ostufer

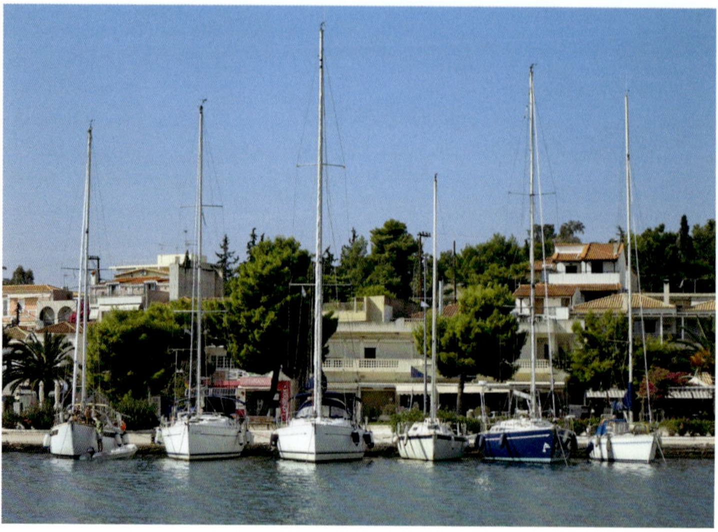

Der Yachtkai von Porto Cheli bietet oft noch ein freies Plätzchen.

des Argolischen Golfes ist der Hafen von Porto Cheli mit seinen zauberhaften Buchten rundherum.

Porto Cheli

Die Ansteuerung des tief in der kreisrunden Bucht *Limeneas Cheliou* liegenden Hafens erfordert etwas Aufmerksamkeit: Die Geschwindigkeit ist auf 5 kn begrenzt, und in der Einfahrt herrscht ein Rechtsfahrgebot, weil auch Schnellfähren die schmale Passage nutzen. Beidseits der Einfahrt stehen gut sichtbare Leuchtfeuer.

Im Hafen auf der Westseite der Bucht macht man am befestigten Kai mit dem eigenen Anker fest. Findet sich hier kein Platz, kann man in der Bucht

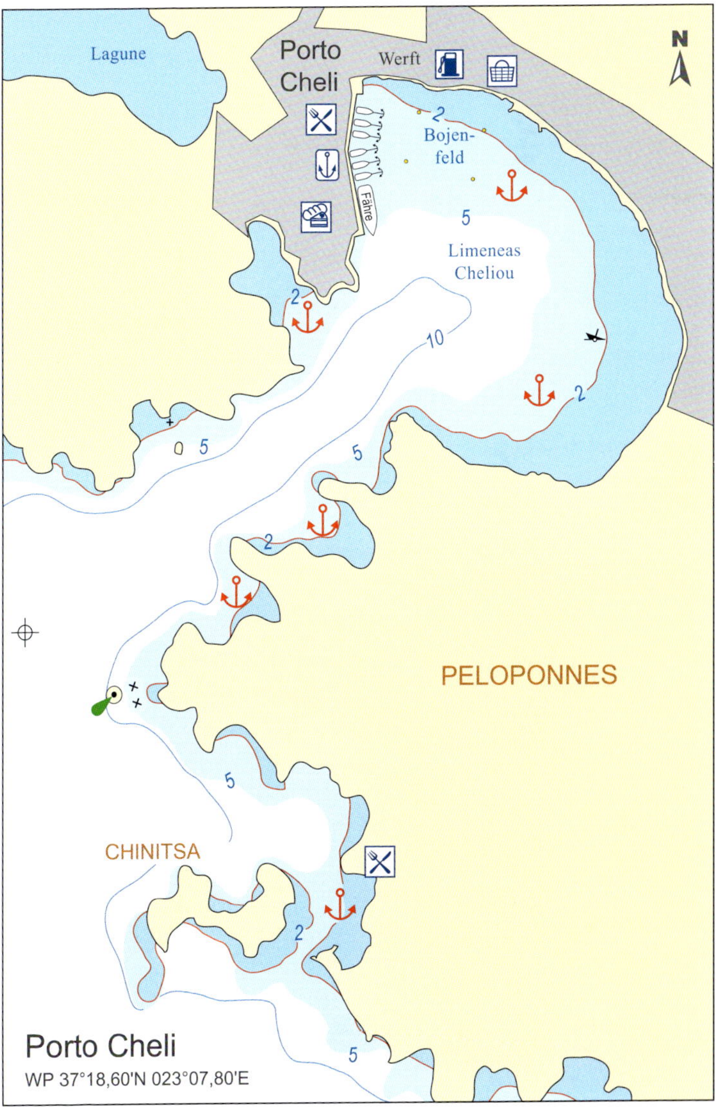

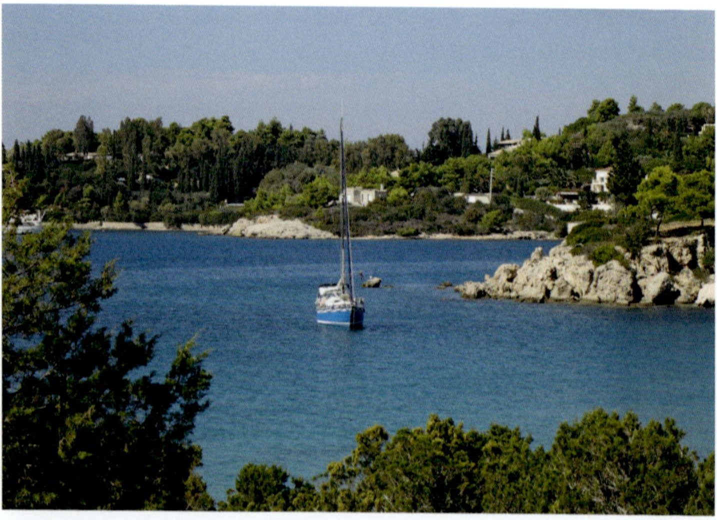

Ankerplatz gegenüber dem Inselchen Chinitsa

auch frei ankern – allerdings nicht nah des Bojenfeldes von *Franks Yachtstation* oder des Fähranlegers, da die Fähren ausreichend Platz zum Manövrieren benötigen.

Service und Versorgung: Am Kai des etwas in die Jahre gekommen Ferienzentrums ist Wasser per Tankwagen zu bekommen, Treibstoff wird auf die gleiche Art geliefert. Entlang der Hafenpromenade öffnen einige Tavernen und Cafés ihre Türen, zudem kann man sich gut mit Brot, Obst und Gemüse versorgen. Nicht weit vom Kai entfernt verfügt ein größerer Supermarkt im Norden des Hafens über ein ordentliches Sortiment. Auf dem Weg dorthin EC-Automaten, Autovermietung und Reisebüros. Busverbindung zu einigen Orten auf dem Peloponnes, Fährverbindung mit Ermioni, Hydra, Poros, Spetses und Piräus. Falls es technische Probleme am Boot gibt: *Franks Yachtstation* im Norden der Bucht hilft Ihnen gern!

Landgang: Bei der Einfahrt nach Porto Cheli begeistern die idyllisch in die Hügel und Wälder gebauten Ferienhäuser und die reizvollen Buchten rundherum. Der Ferienort selbst wirkt an einigen Stellen etwas marode: Nach der Entwicklung zu einem beliebten Tourismuszentrum stehen heute im Ort zumindest in der Nebensaison einige Hotels leer und vermitteln den Eindruck, als sei das Fischerörtchen etwas verlassen. Trotzdem ist Porto Cheli wegen seiner geschützten Lage bei Yachten sehr beliebt und folglich immer noch ein lebendiger Ort. Ein Spaziergang führt entlang der Promenade nach Süden auf eine Landzunge, auf der herrliche Ferienvillen bestaunt werden können.

Buchten rund um Porto Cheli

Yachten ankern oft in den südöstlichen Einbuchtungen nah der Einfahrt zum Hafen oder in der südwestlich des Hafens gelegenen kleinen Bucht. Von diesen Plätzen kann man den Ort noch gut per Dingi erreichen. Idyllischer geht es in den Buchten rund um die **Insel Chinitsa** zu – in einer lockt auch eine hervorragende Fischtaverne (*Sinitsa Taverna tis Giagias*), die zwischen Mitte Mai und Mitte Oktober geöffnet hat.

Auf der Weiterfahrt entlang des Argolischen Golfes gen Osten liegt der Fischerweiler **Kilada** (37°25,00'N 023°08,00'E) inmitten einer sicheren und tief ins Land einschneidenden Lagune. Bucht und Hafen von Kilada (auch Koilas genannt) sind bei Langzeitseglern beliebt, weil sie Schutz bieten und Werften an Land vorhanden sind. Für Segler auf der Durchreise gibt es aber mit Sicherheit attraktivere Orte, gerade weil das Wasser in der Bucht nicht besonders klar ist. Viele der folgenden Buchten auf dem Weg nach Norden sind wegen ihrer tiefen Ufer häufig von Fischfarmen belegt.

Vivari / Drepanou

Im Norden des Argolischen Golfs schneidet *Ormos Drepanou* mit seinem stillen Hafenweiler Vivari tief ins Land ein. Die Ansteuerung der bestens geschützten Bucht ist frei von Untiefen, und das östliche Kap Ag. Nikolaos nachts befeuert.

Yachten ankern entweder am nordöstlichen Ufer vor dem Campingplatz oder im Scheitel der friedlichen Bucht vor dem Ortstrand. Die Wassertiefen fallen schnell und steil ab, sodass man viel Kette stecken muss. In der Nähe des Strandes gibt es einige Murings, an denen Motorboote festgemacht liegen. Die Anlegepier weiter westlich wird von einem Arbeitsschiff genutzt, das die Fischfarmen rund um die Insel Ns. Platia versorgt. Dahinter eröffnet sich ein Bojenfeld, das von Dauerliegern genutzt wird. In der Regel ist hier keine Muringboje frei.

Service und Versorgung: Wenn das Arbeitsschiff ab morgens unterwegs ist, kann man am Kopf der Pier anlegen und bestes Wasser tanken. Der Wirt der Taverne *Gorgona* (Meerjungfrau) hat den Schlüssel zum Hahn und kann bei Bedarf auch Treibstoff per

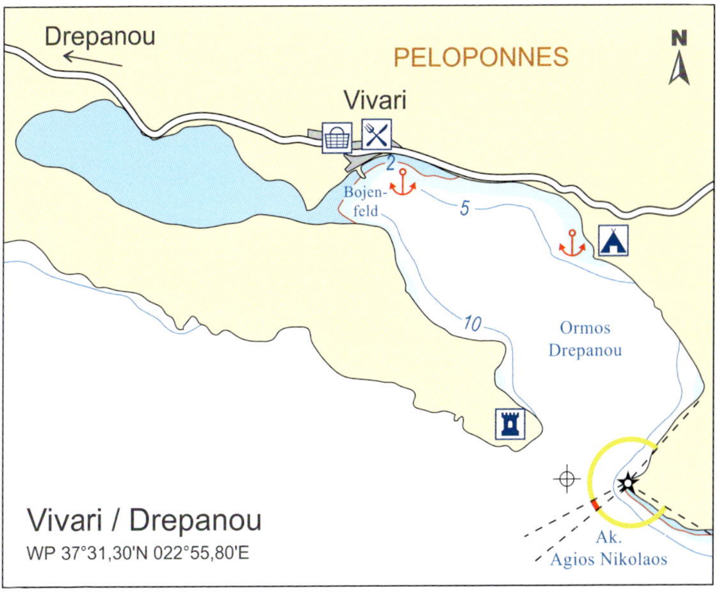

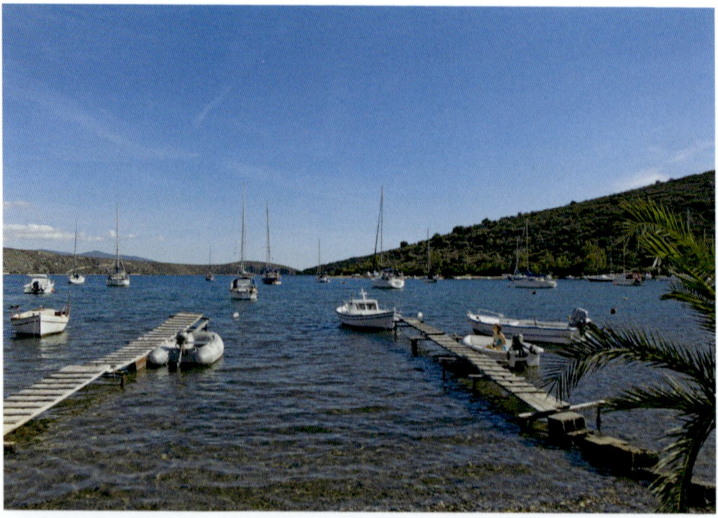

Der Fischerweiler Vivari gilt noch als Geheimtipp für griechische Ursprünglichkeit.

Tankwagen bestellen. Entlang der Wasserfront laden noch andere Fischtavernen zu Speis und Trank – bei überraschend vernünftigen Preisen. Ein kleiner Mini-Markt versorgt die Crew mit dem Nötigsten und frischem Brot. Am Strand steht eine Kaltwasserdusche zur Erfrischung.

Landgang: Das Fischerörtchen Vivari zeigt sich herrlich ruhig und entspannt – es gibt nicht viel zu tun, außer schwimmen, einen kalten Frappé in einem der Strandcafés zu genießen und abends leckeren Fisch zu essen. Wer noch tiefer in griechisches Alltagsleben eintauchen möchte,

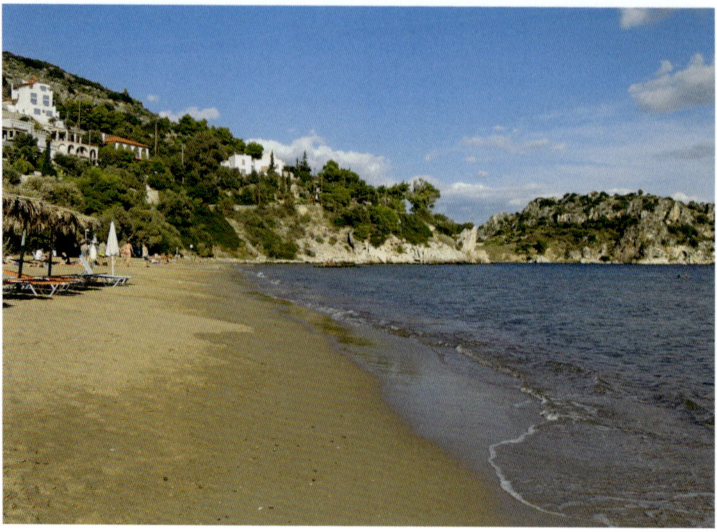

Breite Strände säumen die Küsten rund um den Badeort Tolo.

spaziert entlang des Binnensees ins 2,5 km entfernte Dorf Drepano – hier geht es etwas lebendiger zu, außerdem gibt es eine sehr gute Bäckerei am Ortsrand nah der Jetoil-Tankstelle. Genießen Sie süßes Baklava, leckere Spinattaschen, olivengefüllte Hefeteilchen und deftiges Brot!

Auf dem Weg Richtung Nafplion liegt der Ferienort **Tolo** (37°31,00'N 022°51,70'E). Will die Crew noch einmal baden, bevor sie Nafplion ansteuert, kommen die Strände und Badebuchten rund um Tolo gerade richtig. Bei ruhigem Wetter kann man auf beliebiger Wassertiefe vor den Stränden der Tourismushochburg den Anker werfen und ins kühle Nass springen. Der kleine Hafen ist meist komplett überfüllt, es sein denn, man ist sehr früh oder sehr spät in der Saison hier – nur dann findet sich mit etwas Glück ein Plätzchen. Wer über Nacht bleiben will, dem sei die Ankerbucht an der Nordwestküste der Insel *Romvi* gegenüber vom Hafen Tolo empfohlen. Im Ferienort Tolo haben Sie alle Möglichkeiten der Versorgung.

Nafplion

Ein Höhepunkt eines Törns durch den Argolischen Golf ist mit Sicherheit der Besuch der prächtigen Hafenstadt Nafplion, tief im nordwestlichen Scheitel des Golfes gelegen. Schon bei der Einfahrt sieht man die venezianischen Festungsanlagen über den Hügeln der Stadt thronen. Der riesige Hafen selbst ist zwar eher für die Handelsschifffahrt als für Yachten ausgelegt – doch in Nafplion zieht es die Besucher sowieso schnellstens an Land. Die Ansteuerung des Hafens erfolgt südlich der kleinen Festungsinsel Bourtzi und ist durch die befeuerte Mole und eine rote Leuchttonne ge-

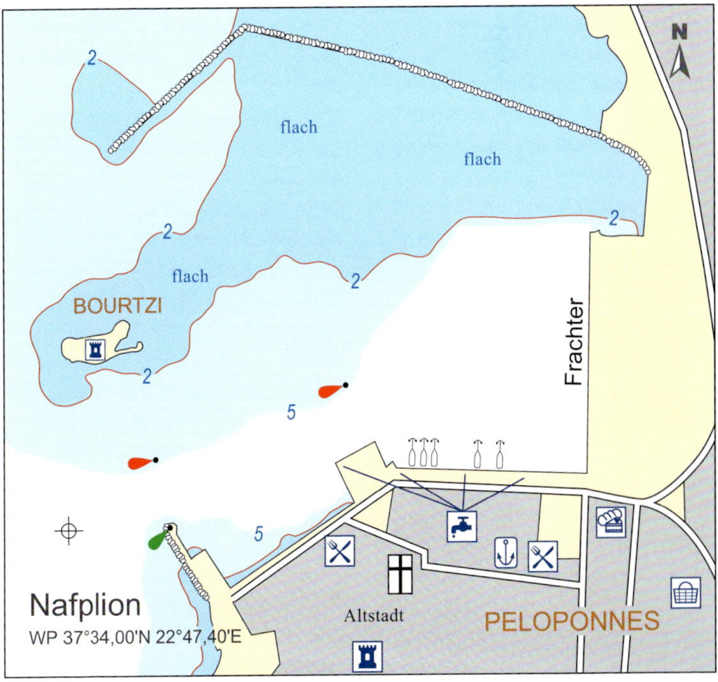

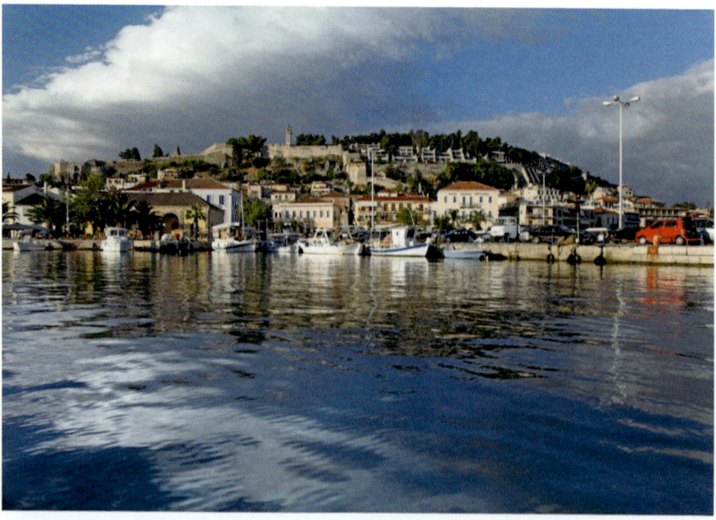

Vom Hafenkai erreicht man die Altstadt von Nafplion nach wenigen Metern.

kennzeichnet. Der gesamte Hafenbereich nördlich von Ns. Bourtzi ist sehr seicht.

Yachten finden reichlich Platz am südlichen Kai hinter der breiten Pier bei 6–7 m Wassertiefe oder gehen längsseits an den Ostkai. Bei stärkerem Nordwind kann es im Hafen durch starken Schwell ungemütlich bis gefährlich werden – auch riecht es manchmal streng nach Abwasser.

Service und Versorgung: Einen Wasseranschluss gibt es zwar am Kai, ebenso wird Treibstoff geliefert, ansonsten ist man hier jedoch eher auf große Handelsschiffe eingestellt denn auf die Bedürfnisse von Segelyachten. Dafür locken in der Stadt nicht nur perfekte Einkaufsmöglichkeiten (samstags ist großer Wochenmarkt) und eine große Dichte von guten griechischen und internationalen Restaurants, sondern auch eine erfreuliche Anzahl an geschmackvollen Geschäften und Boutiquen, durch die man nach Herzenzlust bummeln und die Urlaubskasse erleichtern kann. Selbstverständlich gibt es auch EC-Automaten, Autoverleihfirmen und Reisebüros. Busverbindungen bestehen mit zig Orten und Städten auf dem Peloponnes sowie nach Athen.

Landgang: Besiedelt ist die rund 14 200 Einwohner zählende Stadt seit der mykenischen Zeit und wechselte ab dem Mittelalter, auch aufgrund seiner strategisch wichtigen Lage, ständig seine Besitzer: Byzantiner, Franken, Venezianer und Türken eroberten die Stadt. Auch während des griechischen Freiheitskampfes war sie heftig umkämpft und wurde schließlich von 1829 bis 1834 vor Athen und nach Aegina zur griechischen Hauptstadt ernannt. 1833 war Nafplion Residenz von Otto von Bayern (dem ersten König von Griechenland), der 1834 mit seinem Hofstaat nach Athen, der künftigen Hauptstadt Griechenlands, umzog. Von der wechselvollen Geschichte Nafplions erzählen nicht nur die italienisch anmutenden Häuser und Villen in der malerischen Altstadt, sondern gleich mehrere Festungsan-

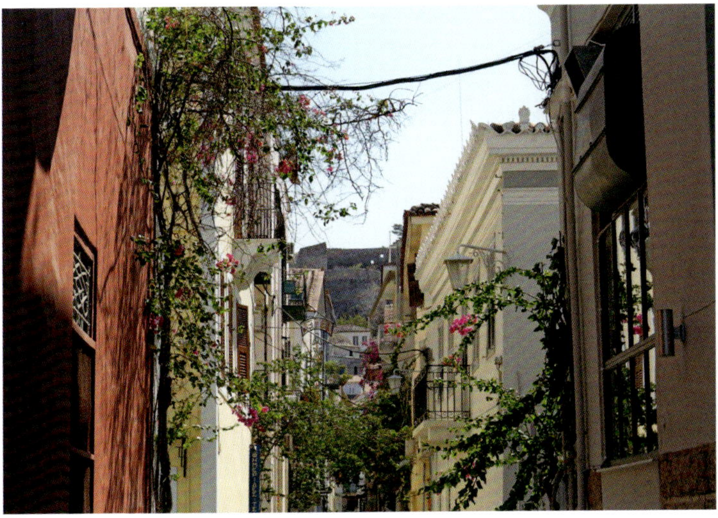

Gepflegte Herrenhäuser säumen die schmucken Gassen.

lagen, die hoch auf den felsigen Bergen über dem Ort thronen.

Für eine ausgiebige Stadtbesichtigung braucht man gut und gerne einen ganzen Tag – gerade wenn man sich noch ein oder zwei Museen und die Festungsanlagen anschauen möchte. Ein schöner Spaziergang führt durch die engen Gassen der Altstadt auf der Landzunge rund um den Platz *Syntagmatos*. Hier befindet sich auch das Archäologische Museum, das in einer venezianischen Kaserne aus dem Jahre 1713 beheimatet ist, und eine gut sortierte Sammlung von der Jungsteinzeit bis zum Hellenismus täglich außer montags von 9 bis 15 Uhr präsentiert. Weiter westlich öffnet das Volkskundemuseum (mit einer Sammlung von Alltagsgegenständen bis Webstühlen) täglich außer dienstags von 9–14 Uhr seine Türen. Weitere interessante Museen, wie das Militärmuseum oder *Komboloi*-Museum, locken ebenso zur Erkundung wie das Alte Parlament oder eine Moschee, die heute das städtische Theater beherbergt.

Jetzt stellt sich die Frage, welche der Festungsanlagen besichtig werden wollen? Die eindrucksvollste ist wohl die *Palamidi*-Festung, bei der es allerdings auch den schweißtreibensten Aufstieg zu bewerkstelligen gilt. Sagenhafte 999 Stufen sind von der Altstadt aus zu erklimmen, bevor man einen traumhaften Blick über den Argolischen Golf und die Dächer der Stadt genießt. Die Burganlage ist täglich von 8 bis 18 Uhr für Besichtigungen geöffnet, in der Vor- und Nachsaison schließt sie schon früher.

Die zweite Burganlage, die *Akronauplia*-Festung, erhebt sich etwas weiter westlich und nicht so hoch auf einem Hügel über der Stadt. Die Anlage besteht aus den Überresten von drei Burgen, die aus venezianischer Herrschaft und aus der Frankenzeit stammen; eine wurde von den Griechen selbst errichtet. Von den Burganlagen sind nur noch Teile erhalten, und dass ein Hotel auf dem Hügel erbaut wurde, trug nicht gerade zum Erhalt der alten Gemäuer bei.

Zur dritten Feste gelangt man nur mit dem Ausflugsboot. Bei der Hafeneinfahrt wurde sie schon passiert: die *Bourtzi*-Festung auf der kleinen gleichnamigen Insel. Der Trutzbau hatte seinen Ursprung im Jahre 1473 mit einem einzelnen Turm, der aber nach und nach von den Machthabern zu einer Festung ausgebaut wurde, die heute als Wahrzeichen der Stadt gilt.

Nach all den Besichtigungen haben Sie sich jetzt ein kühles Gläschen oder ein feines Essen (oder beides) in einer von Nafplions erlesenen Tavernen verdient!

Weitere Infos zur Stadt und Region erhält man in der Touristeninformation nah des Busbahnhofs, in den Reisebüros rund um den Hafen oder unter www.argolis.de und www.visitnafplio.com.

Von Nafplion geht es an der steilen Westküste Richtung Süden, entlang einer beeindruckenden Bergkulisse. Diese Peloponnes-Region schmückt sich mit dem wohlklingenden Namen Arkadien. Die Küste Arkadiens zeigt sich besonders abwechslungsreich und wird liebevoll auch Arkadische Riviera genannt. Allerdings sind gut geschützte Buchten rar, und die Crew muss mit kräftigen Fallböen rechnen, die von den gewaltigen Bergmassiven rauschen. Doch laden zwei gut geschützte Häfen (**Paralion Astros** in knapp 10 sm Entfernung und **Tyros**, knapp 20 sm entfernt) zum Verweilen ein.

Paralion Astros

Der neu ausgebaute Hafen des Ferienortes Paralion Astros liegt gut geschützt im Süden einer Landzunge. Die Ansteuerung des hübschen Hafens ist frei von Untiefen und Hindernissen und auch bei Nacht möglich.

Yachten legen entweder mit eigenem Anker an der Innenseite der Mole oder an einem der beiden neuen Schwimmstege an. Achten Sie wegen der berüchtigten Fallwinde auf guten Ankerhalt! Im nördlichen Hafenteil wird es schnell flach. In der Hochsai-

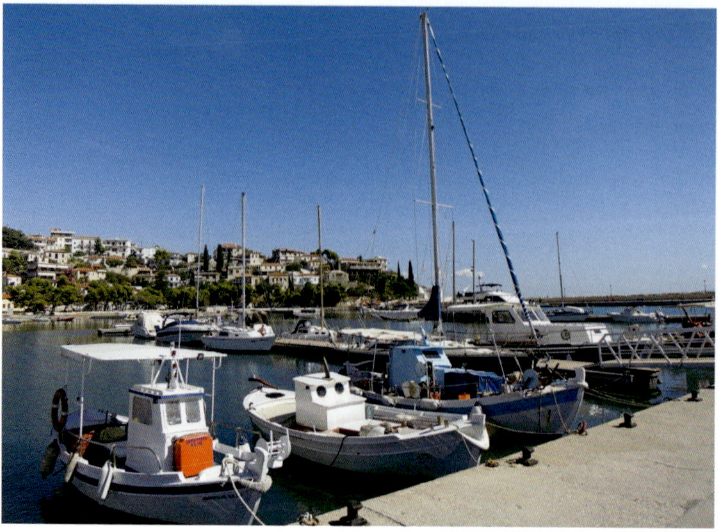

Seit dem Hafenausbau noch beliebter: der Ferienort Paralion Astros

son laufen Flottillenboote den Hafen an, dann wird's eng.

Service und Versorgung: Bei unserem letzten Besuch waren die Säulen mit Wasser und Strom zwar installiert, aber noch nicht in Betrieb. Treibstoff kommt per Tankwagen, im Örtchen versorgen Lebensmittelgeschäfte, eine Metzgerei, ein Fischladen und eine Bäckerei die Crew mit Nachschub für die Schapps. EC-Automat und Autovermietung gibt es ebenfalls. Entlang der stimmungsvollen Hafenpromenade warten gute und günstige Fischtavernen auf hungrige Kundschaft, Hafencafés säumen die Ufer.

Landgang: Paralion Astros hat sich in den letzten Jahren wegen seiner schönen Strände zwar zu einem beliebten Ferienort mit einem Campingplatz und mehreren Hotels gemausert, trotzdem geht es hier noch sehr gemütlich zu, mit Ausnahme in der Hochsaison im Juli und August. Sehenswertes hat der freundliche Ort zwar nicht viel zu bieten – lädt aber zum ausgiebigen Baden am breiten Sandstrand ein, oder Sie schlendern gemütlich über die überschaubare Einkaufsstraße. Auch lohnenswert, wenn auch nur wegen des schönen Ausblickes: Ein Spaziergang zu den

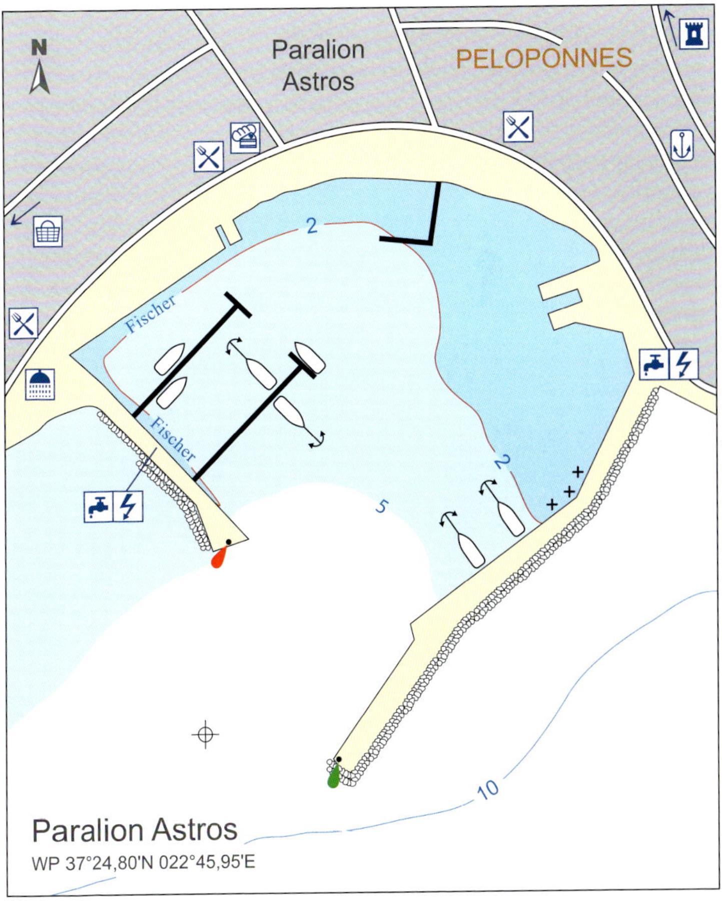

Resten der mittelalterlichen Festung, die nach einem kurzen Aufstieg vorbei an der griechisch-orthodoxen Kirche *Agios Vasilios* und der christlichen Kirche erreicht ist. Im Sommer finden im kleinen Amphitheater am Hafen manchmal Konzerte oder Schauspiele statt.

Auf dem Weg gen Süd schneiden einige Buchten ins Land ein, die man für einen Ankerstopp zum Schwimmen anlaufen kann, wie z. B. die Bucht vor dem Strand von Krioneri. Zur Übernachtung eignen sie sich aber aufgrund ihrer offenen Lage aber nicht.

Tyros

Auf dem Weg nach Süden liegt auch der freundliche Hafenort Tyros, der nach seinem Ausbau eine annehmliche Liegeplatzsituation für Gastyachten bietet. Bei der Ansteuerung fallen die Mühlenruinen schon von Weitem auf und bilden eine exzellente Landmarke. Bei der Hafeneinfahrt halte man sich gut vom flachen Strand fern und fahre nah der befeuerten Mole in den Hafen.

Yachten liegen in der Regel mit eigenem Anker hinter der Nordmole. Man achte auf guten Ankerhalt, da teils kräftige Fallböen von den Bergen kommen. Bis zur Drucklegung war nicht zu ermitteln, ob durch den Ausbau des Hafens auch neue Yachtplätze entstanden sind oder der neu ausgebaute Kai im Süden für die einheimischen Fischer reserviert ist. Etwas mehr Yachtplätze könnte Tyros zumindest an den (wenigen) Tagen gebrauchen, an denen eine Flottille den Hafen anläuft. An anderen Tagen existieren aber meist keine Platzprobleme.

Service und Versorgung: An der Mole und entlang des neu ausgebau-

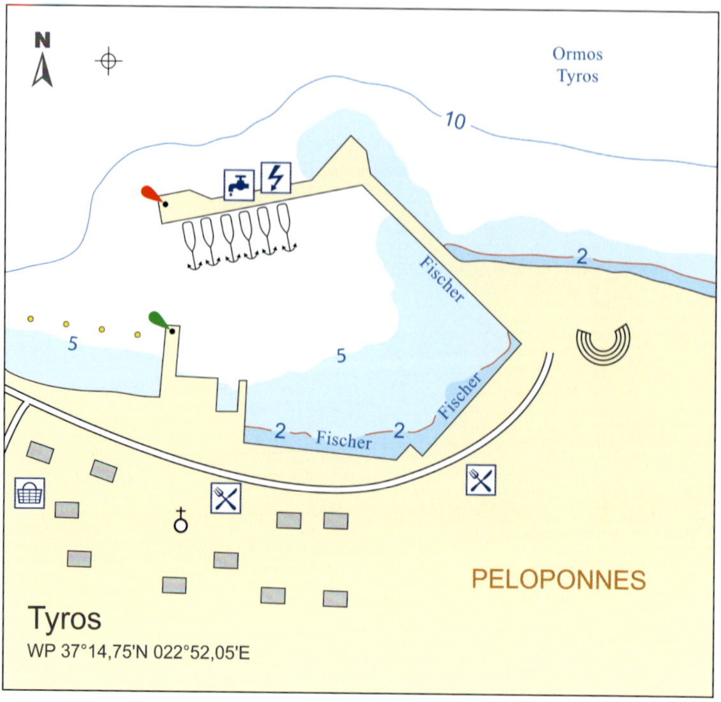

ten Kais stehen Säulen für Wasser und Strom. Treibstoff wird geliefert. Entlang des friedlichen Hafenrunds und der Strände im Westen reihen sich einige Tavernen und Cafés aneinander. Im Ort gibt es sowohl Lebensmittelgeschäfte und eine Bäckerei als auch eine Bank mit EC-Automat. Busverbindung besteht mit Leonidion und Athen.

Landgang: In einer spektakulären Landschaft vor einer gewaltigen Bergkulisse und inmitten von Olivenbäumen und Zypressen gelegen, präsentiert sich das Ferienörtchen von seiner gemütlichen Seite. Das mag auch an dem eher schmalen Kiesstrand liegen, der wegen seines blitzsauberen Wassers aber trotzdem zum Baden einlädt. Der Hügel östlich des Hafens mit den drei Windmühlen im Vordergrund hält tolle Motive für das Kameraobjektiv bereit, dahinter glänzt tiefblau der Argolische Golf.

Rund 4 Seemeilen südlich von Tyros liegt die ruhige Ortschaft **Sambateki** (37°11,20'N 022°54,50'E) mit einem

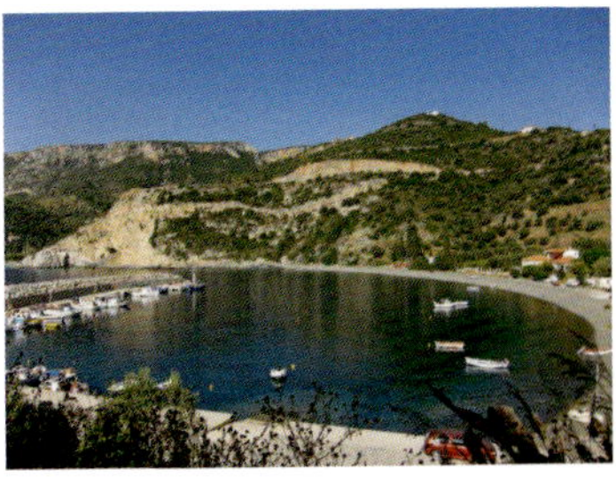

Hafen Sambateki bietet nur wenigen Yachten Platz.

kleinen Fischerhafen. Hinter der Südmole finden nur wenige Yachten Platz. Mit etwas Glück ist noch ein Plätzchen nah des Molenkopfes frei. Hier liegt die Crew gut geschützt bei rund 3 m Tiefe über klarstem Wasser. Am Strand des gemütlichen Weilers wartet eine Taverne auf die hungrige Crew, eine Dusche bietet Erfrischung nach dem Schwimmen im kühlen Nass.

Auf dem weiteren Weg gen Süden verlässt die Crew die Wasser des Argolischen Golfes, es folgen die Küsten des Südostpeloponnes bis Monemvasia.

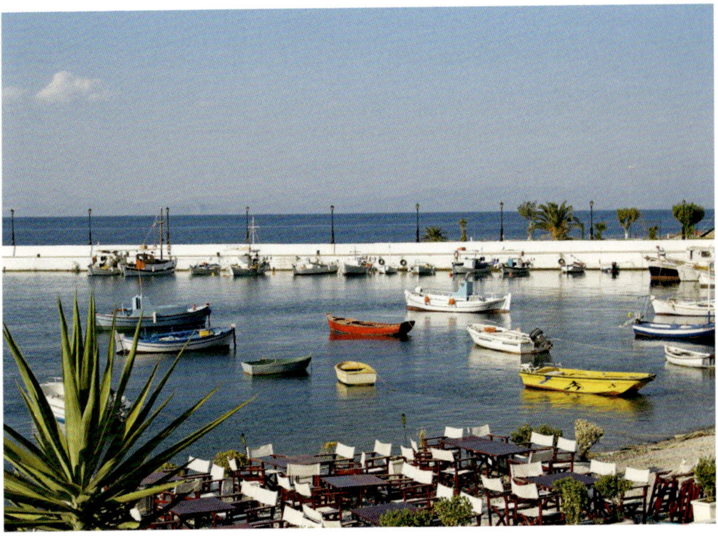

Der Hafen Tyros garantiert griechische Urlaubsidylle pur!

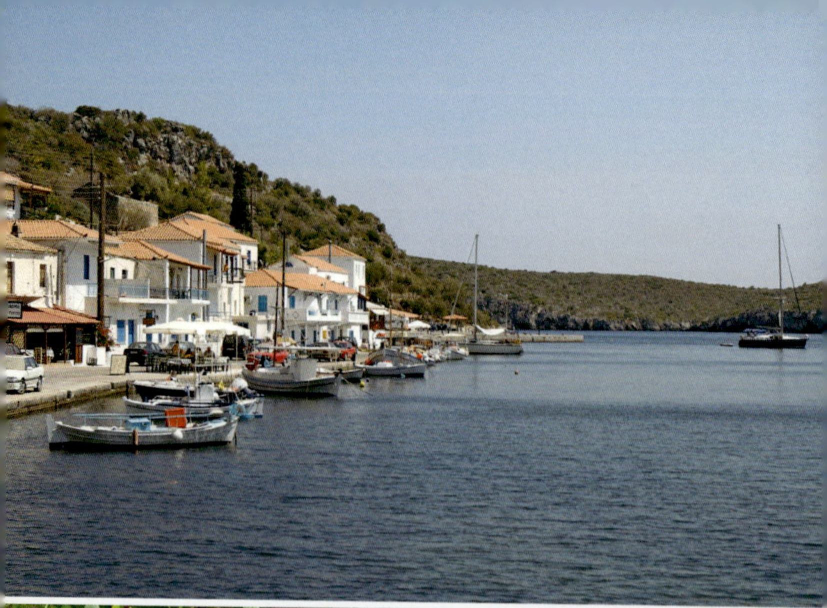

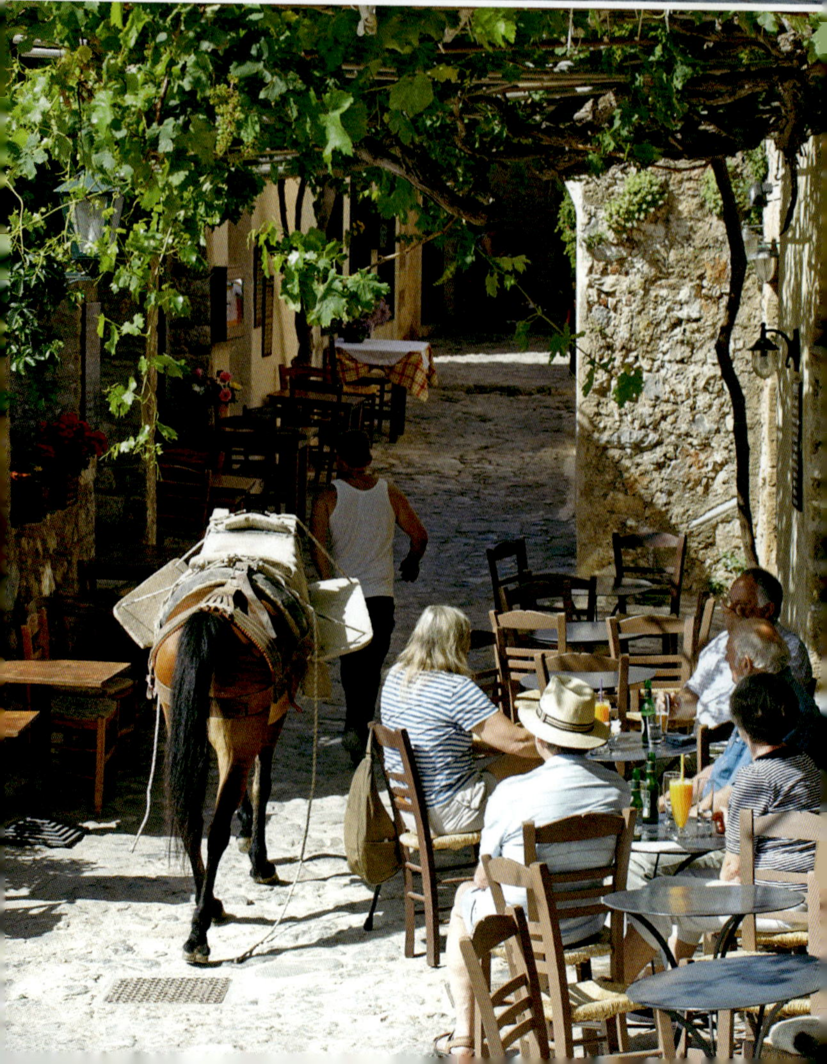

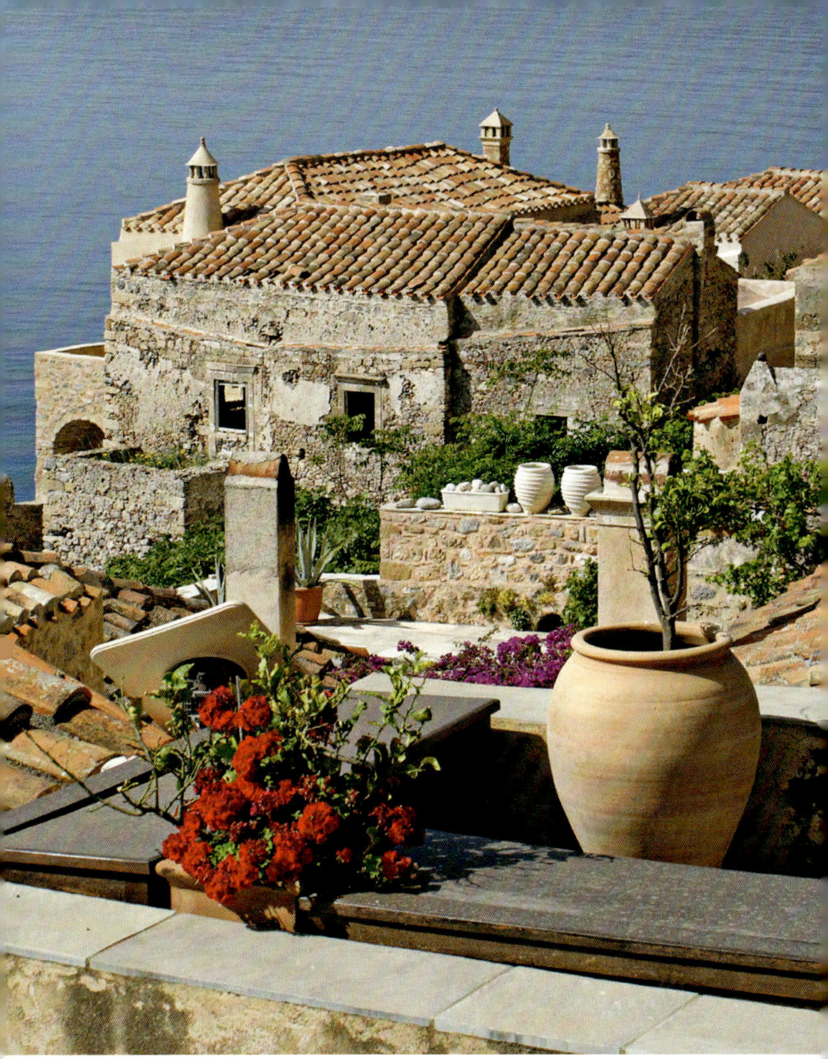

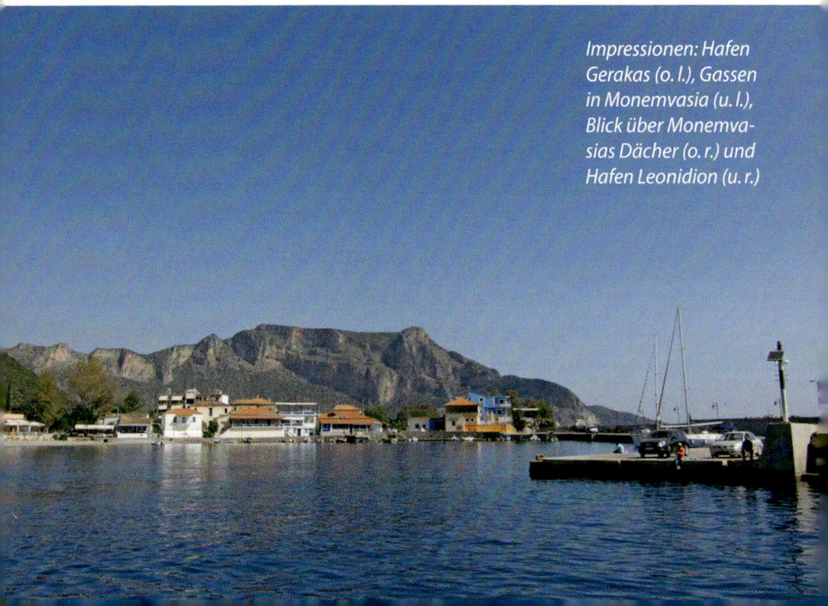

Impressionen: Hafen Gerakas (o. l.), Gassen in Monemvasia (u. l.), Blick über Monemvasias Dächer (o. r.) und Hafen Leonidion (u. r.)

Routen entlang der Südostküste des Peloponnes

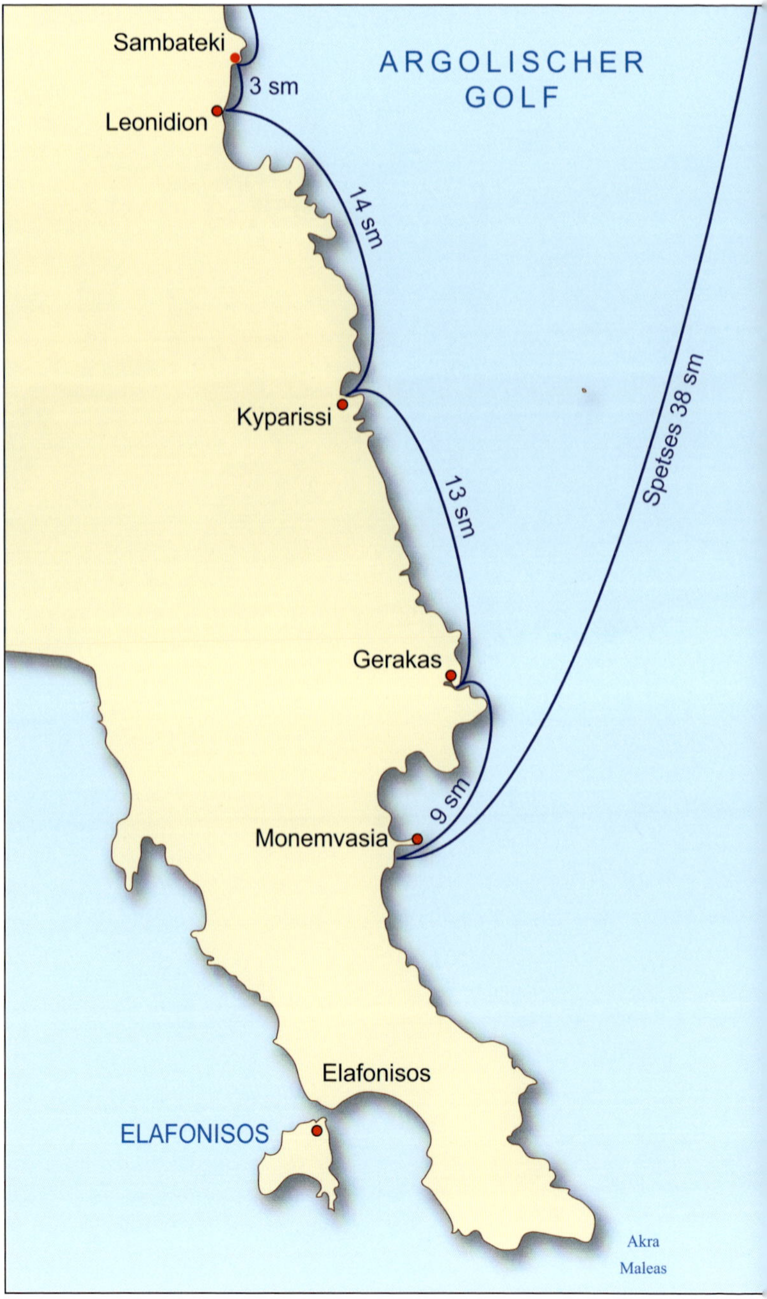

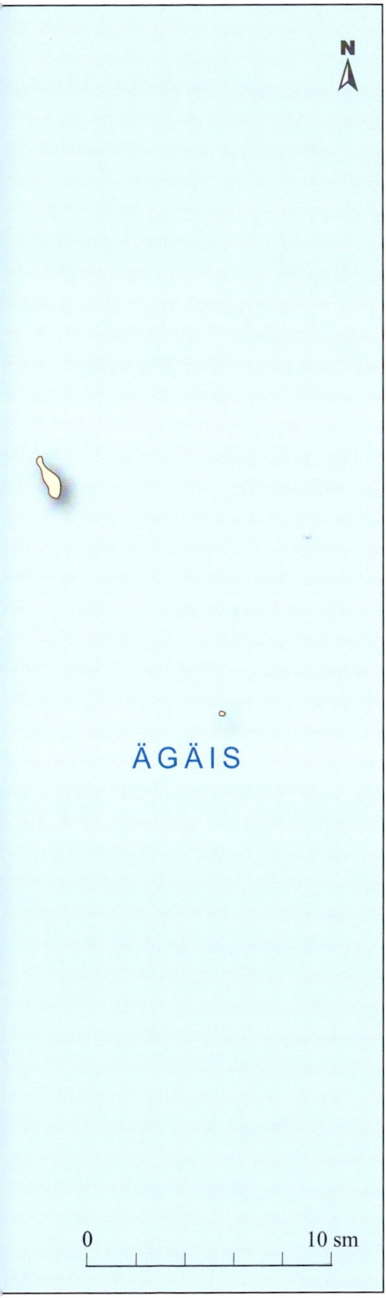

Der Süden des östlichsten Fingers des Peloponnes gehört zur Region Lakonien, deren Küsten zu den reizvollsten Landschaften des Peloponnes zählen. Im Hinterland der fruchtbaren Küstenregionen erheben sich imposant die Berge des 2000 m hohen Parnon-Gebirges.

Eine Erkundung des südöstlichen Peloponnes lohnt sich schon allein wegen der herrlichen mittelalterlichen Stadt **Monemvasia**! Allerdings sollte man gut 10–14 Tage Zeit ab Athen haben, um die Reise auch genießen zu können. Rund 50 sm sind es von Tyros bis zum **Kap Maleas**, dem südlichsten Punkt des südöstlichen Peloponnesfingers; 38 sm legt die Crew von Tyros bis zur mittelalterlichen Festungsstadt Monemvasia zurück. Will man Monemvasia von Spetses kommend ansteuern, sind rund 35 sm zurückzuliegen.

Auf dem Weg nach Monemvasia reihen sich von Nord nach Süd einige Häfen entlang der lakonischen Küsten: Angefangen vom Hafen des Landstädtchens **Leonidion** und der Bucht **Kyparissi** hin zum versteckten Hafennest von **Gerakas** bieten alle eine willkommene Möglichkeit, um auf der Reise auf dem Weg nach Monemvasia einen Zwischenstopp einzulegen.

Nautische Informationen

Der Wind zeigt sich auch an den Küsten des südöstlichen Peloponnes meist von thermischen Einflüssen geprägt, es herrschen leichtere Winde aus nördlichen und südlichen Richtungen vor. Bläst jedoch der Mel-

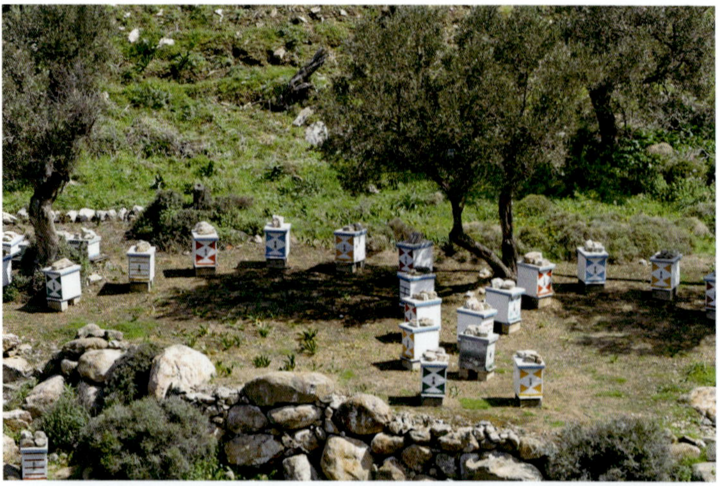

Das Hinterland von Leonidion ist auch für seinen Honig berühmt.

temi, ist es ein untrügliches Zeichen, dass die Crew den geschützten Argolischen Golf verlassen hat: Je weiter man gen Süden segelt, umso mehr macht sich der starke Ägäiswind aus Nord auch in diesem Teil des Reviers bemerkbar. Auch können sich hier am Rande der offenen Ägäis die Wellen deutlich höher aufbauen als in den von Land umgebenen Golfen.

Plaka Leonidion

Der Hafen des im Landesinneren gelegenen Bauernstädtchens Leonidion nennt sich *Plaka Leonidion* und liegt in einem fruchtbaren Tal zwischen zwei imposanten Berggipfeln im nördlichen Teil der großen Bucht Ormos Poulithra. Ein netter Strand und gemütliche Tavernen machen Leonidion zu einem geeigneten Zwischenstopp

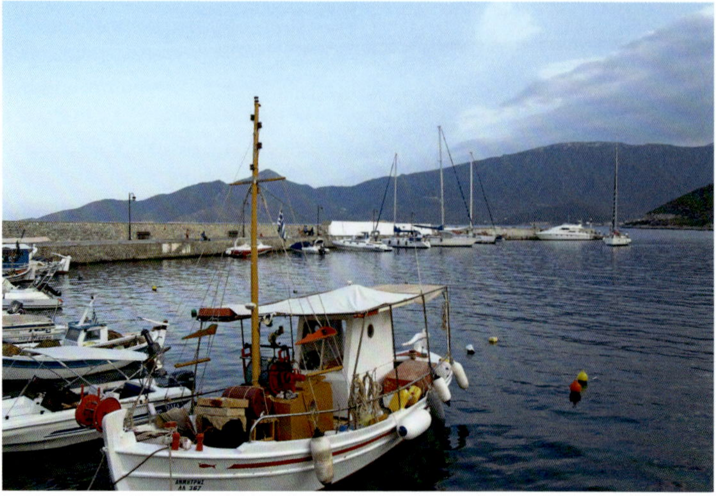

Nah des Hafens Plaka Leonidion locken schöne Strände.

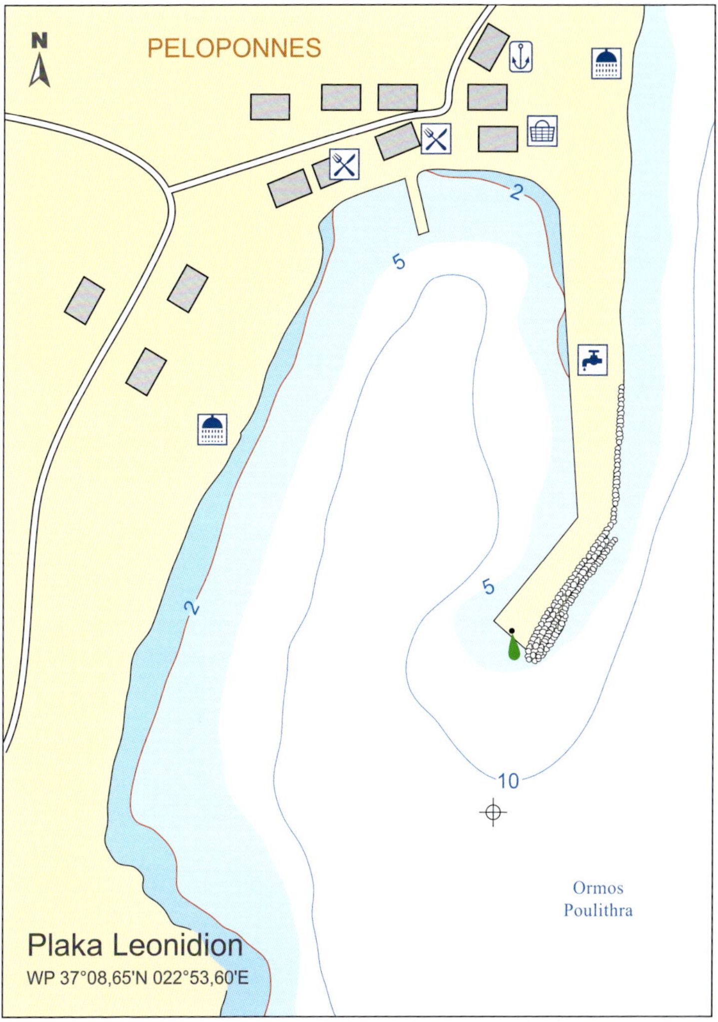

auf dem Weg nach Monemvasia. Yachten finden Liegeplätze auf 4–5 m Wassertiefe entlang der Innenseite der Ostmole und machen in der Regel per Buganker fest. In der Nebensaison klappt es oft auch, längsseits zu liegen. Wenn der Wind nicht aus südöstlichen Richtungen weht, ist man hier gut geschützt, allerdings können unvermittelt von den benachbarten Gebirgszügen Fallböen herunter rauschen. Bei stärkeren südlichen Winden liegt man besser vor Anker im Süden von **Ormos Poulithra**, z. B. vor dem Strand der stillen Ortschaft Poulithra (37°07,1'N 022°54,1'E).

Service und Versorgung: An der Mole gibt es Wasser mit langem Schlauch, das entsprechende Entgelt zahlt man im Hafenamt. Rund um den Hafenweiler liegen einige Tavernen und entlang der Strände schöne

Strandbars. Ein Mini-Markt versorgt mit dem Nötigsten – für alles andere muss die Crew ins rund 4 km entfernte Städtchen Leonidion wandern. Aber auch Busse (eher selten) oder Taxis verkehren von Plaka nach Leonidion.

Landgang: Im verträumten Plaka lässt es sich herrlich entspannen – entweder am Strand oder in einem der Cafés. Wer Lust hat, etwas von der Umgebung kennenzulernen, wandert zur Bauernstadt Leonidion, die sich malerisch am Fuße von roten, steilen Felswänden (auch bei Kletterern zunehmend beliebt) und bewaldeten Berghängen ins Land ergießt. Der Weg führt durch Felder und Olivenhaine, in der Gegend wird viel Obst und Gemüse angebaut: Hier leben die Menschen größtenteils von der Landwirtschaft und (noch) nicht vom Tourismus. Beim Bummel durch die Altstadt erlebt der Besucher eine echte griechische Kleinstadt – ohne viel Schnörkel, aber mit authentischem Charme.

Unser Tipp: Ausflug zu den Bergklöstern

Rund zehn Kilometer von Plaka Leonidion entfernt liegt das in einer Felswand errichtete Bergkloster ***Moni Agiou Nikolaou Sintzas*** *in traumhafter Lage. Dort genießen Sie eine atemberaubende Aussicht über den Argolischen Golf und die hohen Berge Arkadiens.*

Noch höher in den Bergen und rund 20 km von Plaka entfernt zählt das Kloster ***Moni Elonis*** *zu den eindrucksvollsten am Peloponnes. Die weißgetünchten Gebäude des schmucken Nonnenklosters wirken so, als seien sie an die roten Felswände geklebt, und eine Besichtigung der Klosterkirche lohnt sich ebenso wie der zauberhafte Ausblick von der Klosterterrasse über das grüne Tal. Von Plaka Leonidion fahren Taxis zu den Klöstern. Die Besichtigung ist nur mit angemessener Kleidung erlaubt, feste Öffnungszeiten gibt es nicht. Beim Verlassen lässt man eine kleine Spende zurück.*

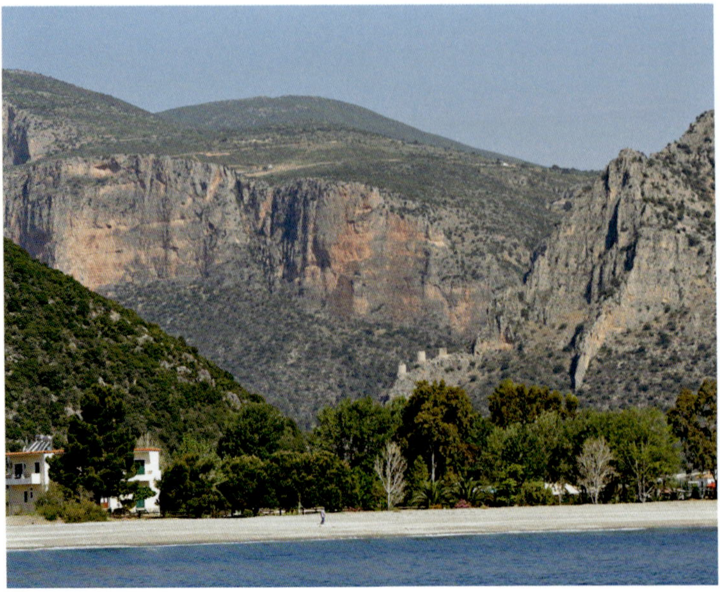

Spektakuläre Bergzüge bei Leonidion

Kyparissia

Die Bucht von Kyparissia liegt in einer der spektakulärsten Landschaften des Peloponnes, eingeschlossen von gewaltigen Bergzügen und doch inmitten einer lieblichen Umgebung. Das Wasser in der Bucht ist kristallklar und schimmert an vielen Stellen in karibisch anmutendem Türkis. Die Ansteuerung ist dank der befeuerten Huken auch nachts möglich, und die Bucht frei von Untiefen, wenn man sich frei vom südlichen *Kap Nisaki* hält. Es kann aber vorkommen, dass starke Fallböen von den hohen Bergen der Crew das Leben schwermachen, sodass Sie in diesem Fall am besten die Segel einholen und den Motor bei der Einfahrt zur Hilfe nehmen. Für Segler bietet die Bucht gleich mehrere Möglichkeiten zum Anlegen oder Ankern bei allen Wetterlagen, ausgenommen stärkere Ost- und Südostwinde, die Schwell verursachen.

Im Norden der Bucht ankert man entweder auf 6–8 m Wassertiefe vor

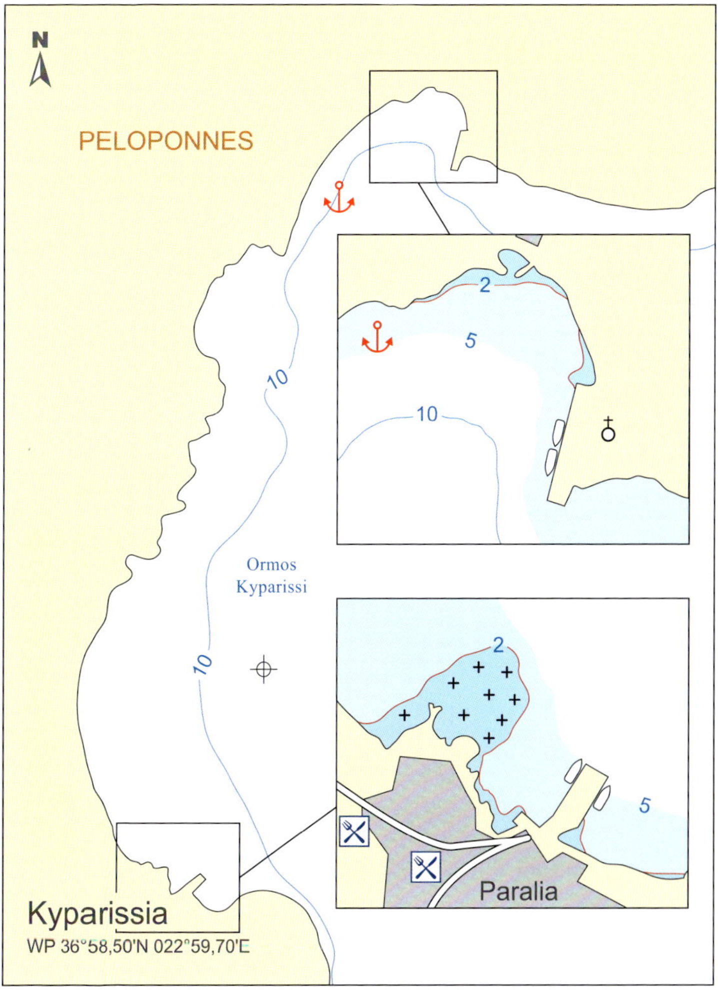

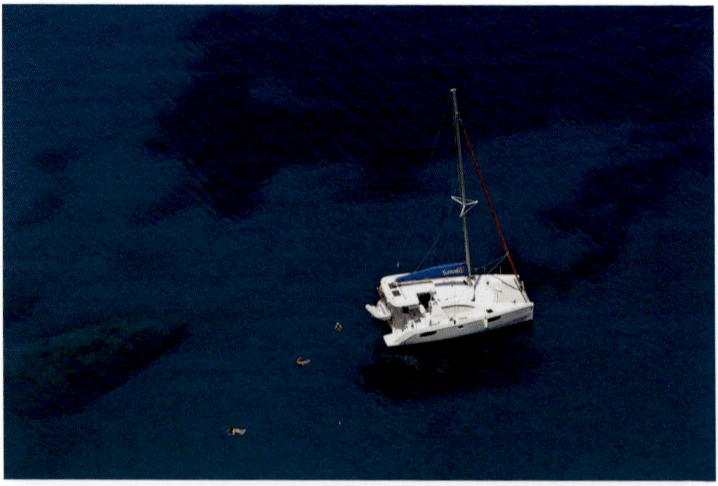

Klarstes Wasser zeichnet auch die Ankerplätze in der großen Bucht Kyparissia aus.

dem Strand und hält sich gut vom felsigen Scheitel der Bucht frei oder legt am Betonkai längsseits oder per Buganker an. Rund um den Molenkopf machen Steine den Grund unrein. Der Ankergrund ist bewachsener Kiessand und teils mit größeren Steinen durchsetzt. Am Kai kann man Wasser und Strom gegen Gebühr bekommen. Im Sommer ist eine Schwimmzone vor dem Ufer unterhalb des Hotels mit Bojen abgetrennt.

Im Südwesten der Bucht verzaubert das Dörfchen **Paralia** mit seinen nah ans Wasser gebauten Häuschen aus Natursteinen; manche von ihnen sind auch weiß getüncht. An der alten Fährmole kann die Crew auf 2 bis 5 m längsseits oder per Buganker anlegen. Zur östlichen Molenwurzel hin wird es flach. Achtung: Westlich der Pier ziehen sich vom steinigen Ufer aus Unterwasserfelsen in die Bucht. Die kleine Ortschaft bietet einige Einkaufsmöglichkeiten (Bäcker, Mini-Markt); Cafés rund um die Pier und gemütliche Tavernen laden zu Speis und Trank.

Im Südosten von Ormos Kyparissi schützt ein Ankerplatz vor der Kapelle *Agios Georgios* vor Winden aus südlichen Richtungen. Manche Yachten bringen auch eine Landleine zu dem kleinen Anleger vor der Kapelle oder zum Ufer aus, weil das Wasser bis zum Ufer hin ziemlich tief ist. Hier liegt die Crew in himmlischer Ruhe.

Auch wenn nur rund 20 sm von Kyparissia entfernt Monemvasia lockt, sei noch das Hafennest Gerakas als möglicher Zwischenstopp auf dem Weg nach Süd erwähnt, sei es für ein Mittagessen oder eine Übernachtung bei stärkeren Winden.

Gerakas

Der klitzekleine Fischerweiler Gerakas liegt wie ein Piratennest tief versteckt in einer gut geschützten Bucht am Ausgang einer flachen Lagune. Einzig die Fallböen von den hohen Felsen oder starker Meltemi können es hier ungemütlich werden lassen. Bei Meltemi steht ordentlich Schwell in die Einfahrt, der dann von den felsigen Ufern zurückgeworfen wird und für

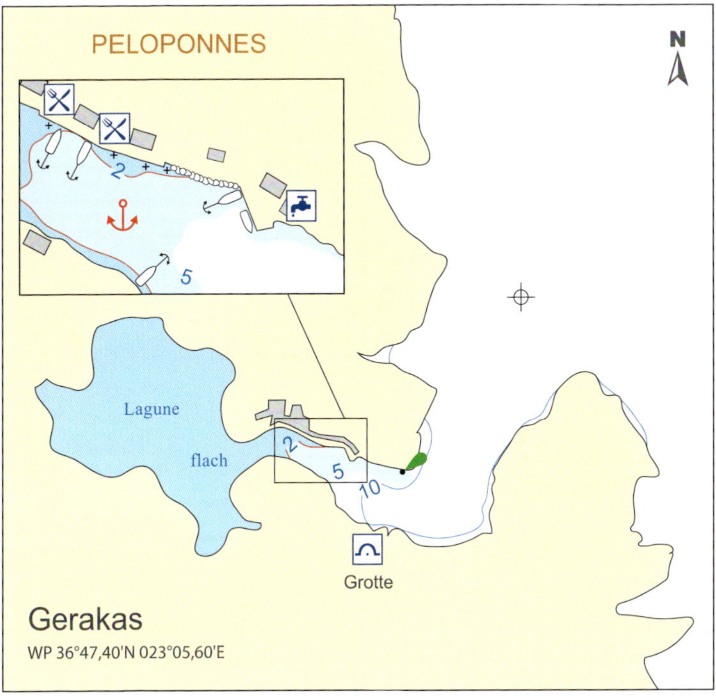

einen sehr unkomfortablen Aufenthalt im Hafen sorgt. Die Ansteuerung ist zwar frei von Untiefen, erfordert aber doch etwas Aufmerksamkeit, weil man die Einfahrt in die Bucht von See nicht leicht erkennt – von einer

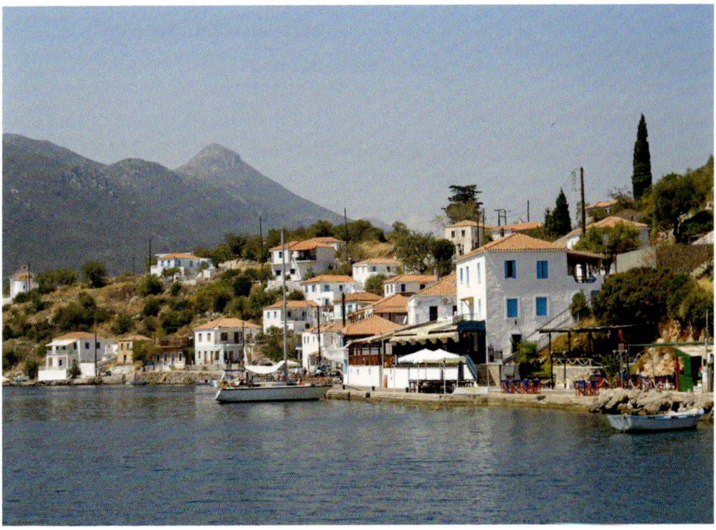

Im Fischerweiler Gerakas scheint die Zeit stehen geblieben zu sein.

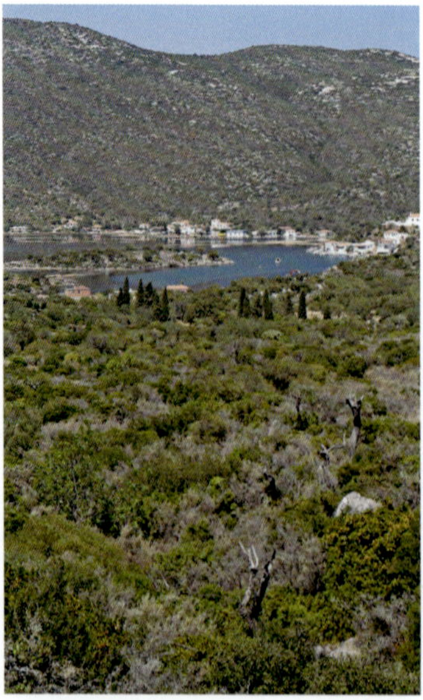

Blick auf die flache Lagune von Gerakas

nächtlichen Ansteuerung oder einer Ansteuerung bei starkem Meltemi raten wir deshalb ab.

Yachten ankern entweder frei vor dem Örtchen oder legen am ehemaligen Fähranleger im Osten des Ortes auf 4–5 m Wassertiefe an. Das befestigte Ufer entlang der Ortschaft eignet sich an den meisten Stellen mit 1,5 bis 2,1 m Wassertiefe nur für flachgehende Boote. Will die Crew eines kleinen Bootes versuchen, vor den ersten Tavernen einen Platz zu finden, fahre sie mit dem Bug voraus und mache per Heckanker am flachen Kai fest. Manchmal laufen Flottillen den Hafen an und sorgen für entsprechendes Gedränge. Zur Lagune hin wird das Wasser schnell seicht, sodass ankern hier nicht möglich ist.

Service und Versorgung: Laut Seglerbericht waren zuletzt Arbeiten im Gange, um Wasser und Stromleitungen am Kai zu installieren. Gleich neben der Pier gibt es eine kleine Badestelle mit Dusche. Entlang der idyllischen Hafenfront wartet eine Handvoll Tavernen auf Kundschaft, uns hat es gut im *Remetzo* geschmeckt – aber auch die anderen Restaurants servieren frischen Fisch. Am Nordostufer der Lagune lädt ein stilvolles Café mit Pool zu einer kühlen Erfrischung. Ein Mini-Markt versorgt die Crew mit dem Nötigsten.

Landgang: Im kleinen Fischerweiler Gerakas leben nur eine Handvoll Menschen, entsprechend entspannt und gemütlich zeigt sich die Stimmung hier, die man am besten bei einem kalten Frappé mit Blick auf die große Lagune genießt.

☛ Unser Tipp: Erkundungstour mit dem Dingi zur Grotte am Südufer

Bei ruhigem Wetter wartet am gegenüberliegenden Südufer eine Grotte auf ihre Erkundung mit dem Schlauchboot. Fährt man paddelnd durch die klitzekleine Öffnung der nur vom Wasser zugänglichen Höhle, eröffnet sich innen ein etwa 20 m tiefer und recht hoher Raum, allerdings komplett düster – nur eine starke Taschenlampe bringt Licht ins Dunkel. Von der Decke hängen gelbe und grüne Stalaktiten, mit etwas Glück auch die ein oder andere Fledermaus.

Monemvasia

Als letzter Höhepunkt auf einem Törn durch das hier im Buch beschriebene Revier erreicht die Crew Monemvasia – mit einem Traum von Altstadt, die sich malerisch auf einem Felsen über dem Meer erhebt. Dieser knapp 200 m hohe Felsklotz, der über einen Damm mit dem Festland und dem Ortsteil **Gefira** verbunden ist, bildet eine von Weitem sichtbare Landmarke. Yachten haben je nach Windver-

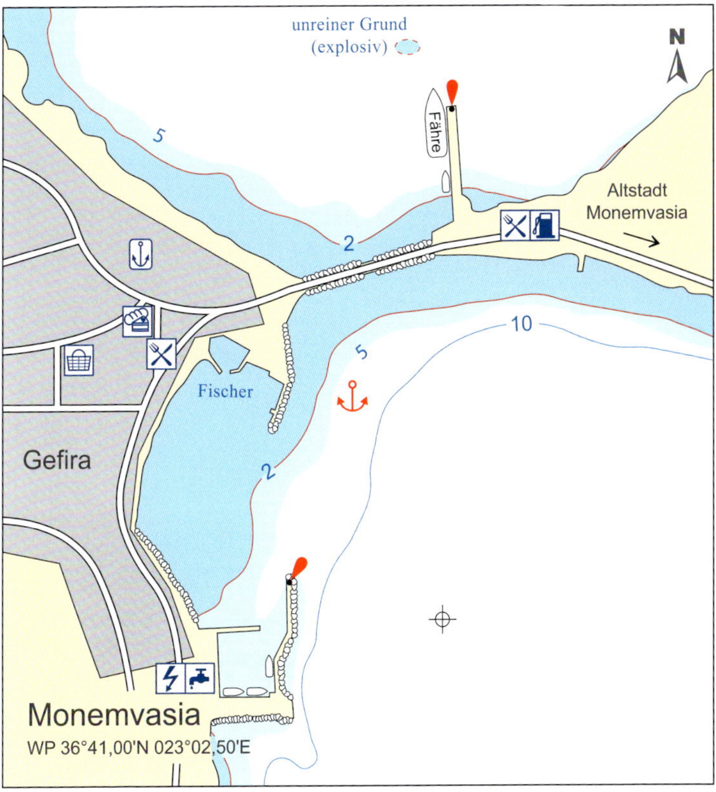

hältnissen mehrere Möglichkeiten anzulegen:

Auf der Nordseite des Dammes erstreckt sich eine etwa 100 m lange befeuerte Pier, an deren Westseite Yachten festmachen können. Es gibt Wasser und Strom und die Crew hat es nicht weit bis zur Altstadt von Monemvasia. Bei nördlichen Winden liegt man hier allerdings schlecht geschützt und weicht besser auf die Marina auf der Südseite des Dammes aus: Die sogenannte **Marina Monemvasia** im Süden des Ortsteiles Gefira besteht aus einem kleinen Hafenbecken, in dem Yachten recht gut geschützte Liegeplätze finden. Sie können in der Regel innen längsseits entlang der östlichen Mole oder per Buganker am Südkai festmachen, sofern noch ein Plätzchen zwischen den Fischerbooten frei ist. Die Fischerboote nutzen Muringleinen, weshalb eine Tripleine am Anker gute Dienste tut. Mit etwas Glück erhascht man auch ein freies Plätzchen hinter der nördlichen Pier, meist ist aber alles von Festliegern belegt. Bei ruhigem Wetter gehen Yachten auch per Buganker an die Außenseiten dieser Pier.

Wenn starker Meltemi weht und die Crew in der Marina keinen Platz findet, bleibt nur noch freies Ankern, beispielsweise östlich des flachen Fischerhafens im Schutz des Dammes. Liegt man hier auch nicht gut, empfiehlt es sich, alternativ die ca. 2,5 sm entfernten Buchten nördlich der Insel

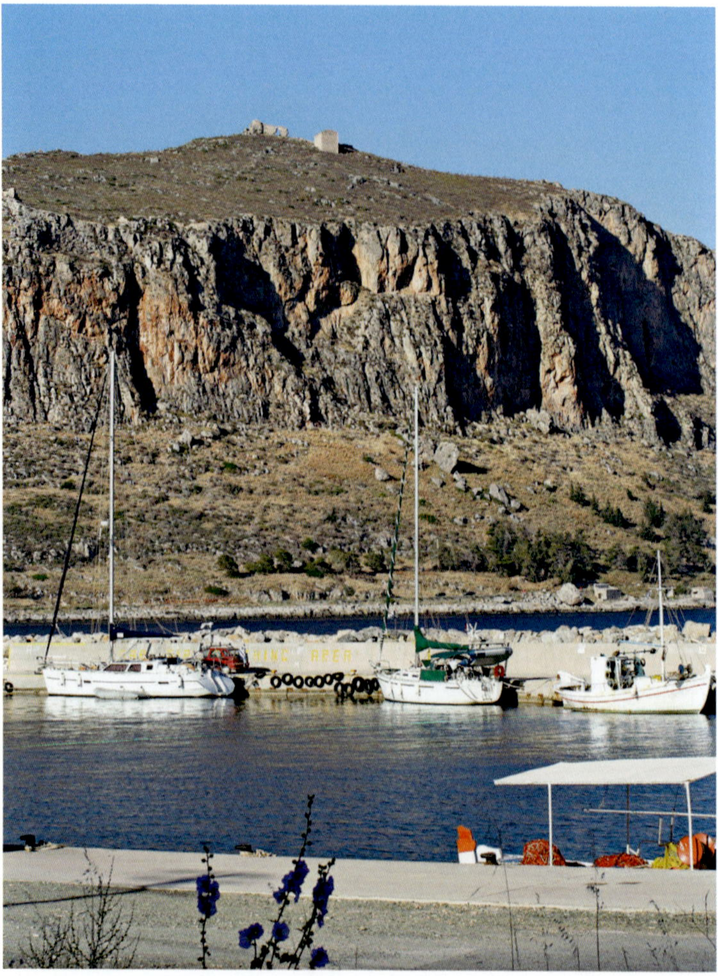

Die »Marina« mit dem Felsen von Monemvasia im Hintergrund

anzulaufen; zu erwähnen wären **Ormos Palea Monemvasias** (36°43,80'N 023°02,00'E) oder **Ormos Kremmidi** (36°44,30'N 023°03,30'E).

Service und Versorgung: Am Fährkai und auch in der Marina stehen Wasser- und Stromkästen, Treibstoff wird per Tankwagen geliefert. Im Ortsteil Gefira, in dem sich eher das normale Leben im Kontrast zur schmucken Altstadt abspielt, ist die Versorgungslage gut: Sowohl Supermärkte als auch Bäckereien und kleine Lebensmittelgeschäfte bieten ihre Waren feil; es gibt eine Bank mit EC-Automat, Post und eine Autovermietung. Auch Tavernen und Cafés laden rund um den idyllischen Fischerhafen ein. Busse verkehren mit anderen Festlandorten und Athen, die aktuellen Fahrpläne erhält die Crew im Reisebüro nah der Post, das auch Informationsmaterial über Monemvasia und seine Geschichte bereithält.

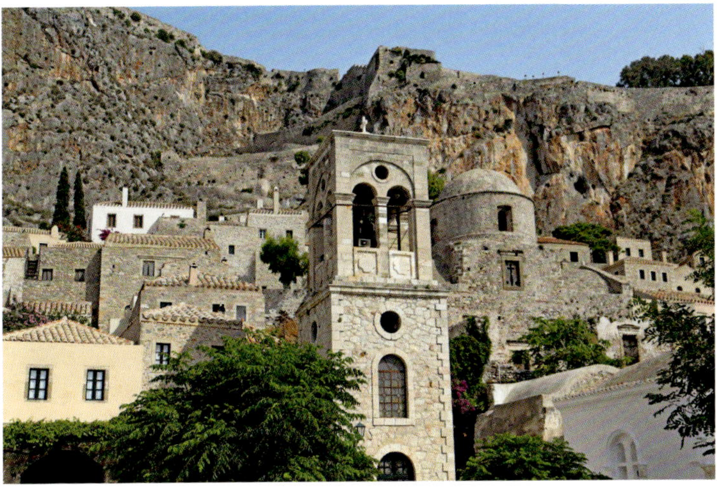

Schmucke Natursteinhäuser zieren die behutsam restaurierte Altstadt.

Landgang: Hauptanziehungspunkt für Besucher ist natürlich die Altstadt von Monemvasia auf der gewaltigen Felseninsel. Die Namensgebung für Ort und Insel erschließt sich bereits beim Näherkommen: »*Monem embasi*« bedeutet einziger Zugang. Der nahezu uneinnehmbaren Lage verdankt die Stadt auch ihre reiche Geschichte. Schon seit dem 4. Jahrhundert diente sie als Zufluchtsstätte und wuchs nach dem Einfall der Slawen und anderer Kriegsmächte stetig. Einen neuen Siedlungsanstoß gab später ihre strategisch günstige Lage auf den Handelswegen zwischen Venedig und Konstantinopel, im Mittelalter sollen mehrere zehntausend Menschen die trutzige Siedlung bewohnt haben. Nach dem Mittelalter nahm die Zahl

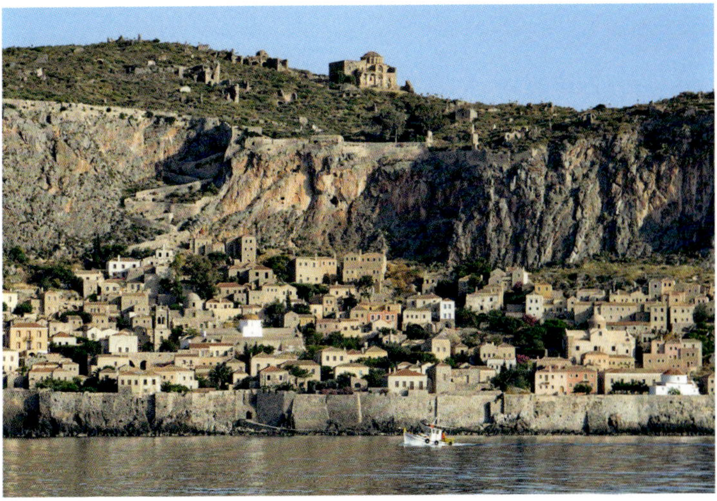

Blick auf den mächtigen Felsen und die trutzige Siedlung Monemvasia

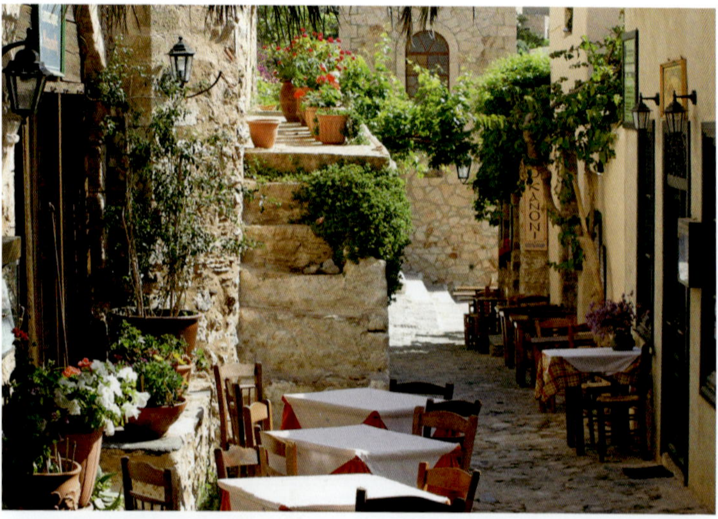

Hier lässt man sich gerne zu einer Erfrischung nieder!

der Einwohner nach und nach ab, Erosion und Erdbeben ließen Häuser und Kirchen zerfallen.

Heute zeigt sich die Altstadt mit nur 70 festen Bewohnern wieder in schmuckem Gewand – auch dank zahlreicher wohlhabender Städter, die die alten Häuser behutsam und stilgetreu restauriert haben, um sich hier ein Feriendomizil zu errichten.

Die Altstadt mit ihren Natursteinhäusern und byzantinischen Kirchen und Kapellen liegt im Südosten der Felseninsel, die über eine Straße entlang der Südküste nach 1,2 Kilometern von Damm und Fähranleger aus erreicht ist. In der Saison fährt auch ein Pendelbus von Gefira hierher. Durch das Alte Stadttor, das im 16. Jh. unter türkischer Regierung erbaut wurde, betritt der Besucher die autofreien Gassen der Unterstadt. Entlang der holprigen Hauptgasse laden stimmungsvolle Cafés und Tavernen zu einer ersten Rast ein. Der Hauptgasse folgend liegt nah der großen Kirche *Christos Eklomenos* aus dem 12 Jh. die *Platia Dsami* der Unterstadt. Die ehemalige Moschee am Platz beherbergt auch ein Museum mit seiner sehr interessanten Archäologischen Sammlung über die bewegte Geschichte Monemvasias. Ein Besuch ist täglich von 9–20 Uhr möglich (montags erst ab mittags) und sehr lohnenswert!

Von der Platia führt die Hauptgasse weiter vorbei an Kirchlein, Kapellen und wunderbar geschmackvoll restaurierten Häusern und Villen. Einen tollen Blick über die Dächer der Stadt und das blaue Meer genießt man von der Kuppelkirche *Panaga Chryssaphitissa* am südöstlichen Ortsrand. Von hier kann man entweder die Küste entlangspazieren oder erklimmt die Ruinen der Oberstadt. Der 15-minütige Aufstieg gestaltet sich zwar etwas schweißtreibend, doch die atemberaubende Aussicht über die Unterstadt und der weite Blick über Buchten und Meer entschädigen für die Strapazen. Versäumen Sie nicht, die Kirche *Agia Sophia* am nördlichen Steilhang oder das alte Kastell auf dem höchsten Punkt des Felsen zu erkunden. Und wer auf dem Hinweg noch nicht eingekehrt ist, dem sei jetzt ein gemütlicher Ausklang des Altstadtspazierganges bei einem Ouzo und Mezedes in den Gassen der Unterstadt gegönnt! Weitere Infos unter www.monemvasia.gr.

Für die allermeisten Crews ist Monemvasia der südlichste Punkt des Segeltörns. Meilenhungrige Segler, die noch einen Schlag zur Insel **Elafonisos** mit ihren karibisch anmutenden Buchten und Stränden machen wollen, sei noch mit auf den Weg gegeben, bei der Rundung des **Akra Maleas** besondere Vorsicht walten zu lassen: Die im Altertum als Teufelskap berüchtigte Landspitze am Südzipfel des östlichen Peloponnesfingers trug ihren Namen nicht ganz zu Unrecht. Besonders bei Meltemi kommt es rund um das knapp 550 m hohe Kap Maleas zu extrem starken Böen, und es baut sich schnell eine steile und ruppige See auf. Daher halte man genügend Abstand zum Kap – auch weil hier reger Schiffsverkehr herrscht.

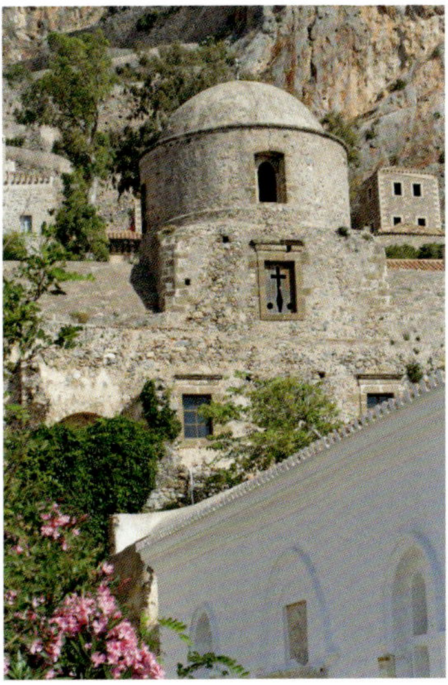

Viele der Gebäude wirken wie an den Fels geklebt.

Allen Crews, die sich jetzt auf den Rückweg nach Athen machen, wünschen wir noch eine wunderbare Reise und tolles Segeln auf ihrem Trip in Richtung Norden.

Alles Gute – *Sto Kalo!*

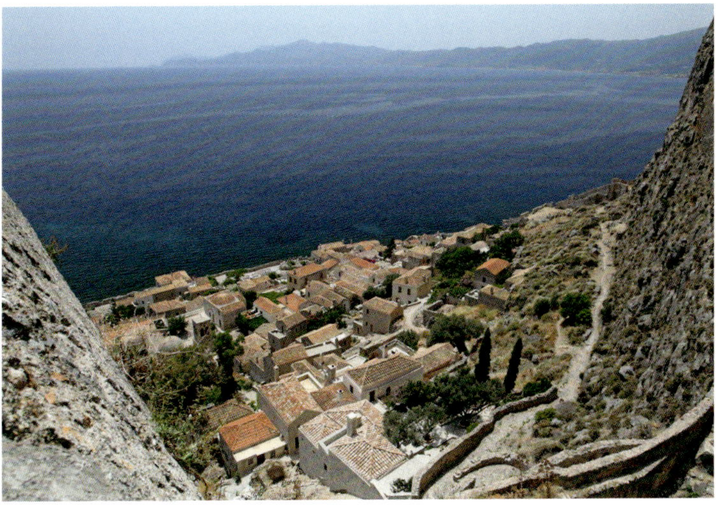

Blick vom Altstadthügel – für die meisten Chartercrews ist Monemvasia der südlichste Punkt des Törns.

Register

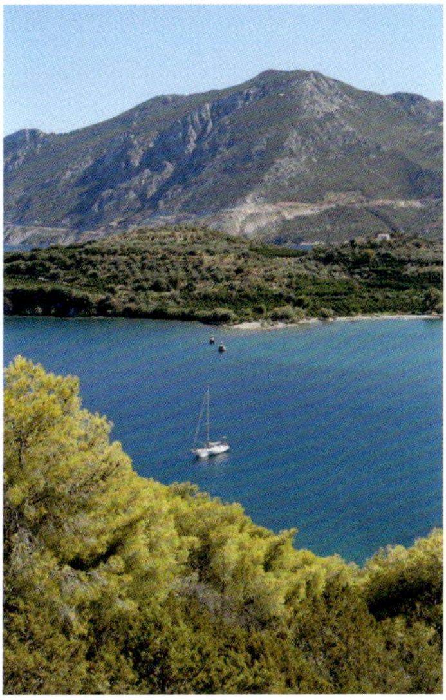

Rund um Palaia Epidavros locken schöne Buchten zum Ankern.

Danksagung
Unser herzlichster Dank für ihren fachlichen Rat beim Schreiben dieses Werks gilt Hans Krause, Stathis Parlantis und Alexander Dumschat. Gerd Hentschel, Diana Reimann und unserer Tochter Fritzi Luise danken wir für die schönen Fotografien in Ergänzung zu unseren eigenen Bildern. Ein großer Dank auch an unseren Lektor René Stein und Christine Siedle vom Delius Klasing Verlag für die fruchtbare und kollegiale Zusammenarbeit!

Wir hoffen, dass Ihnen dieses Buch viel Freude bereitet. Falls Sie Anregungen haben sollten, was wir in Zukunft noch besser machen können, schreiben Sie uns bitte an reiselektorat@delius-klasing.de. Korrekturen veröffentlichen wir im Interesse aller Leser unter www.delius-klasing.de auf der jeweiligen Produktseite.

Das Titelmotiv zeigt den Inselhafen Poros im Saronischen Golf. Auf der Buchrückseite ist Palaia Epidavros zu sehen.

MIX Papier
FSC FSC® C084279

Bibliografische Information der Deutschen Nationalbibliothek
Die Deutsche Nationalbibliothek verzeichnet diese Publikation in der Deutschen Nationalbibliografie; detaillierte bibliografische Daten sind im Internet über http://dnb.dnb.de abrufbar.

1. Auflage
ISBN 978-3-667-11278-1

Karten und Pläne: Kenneth Dittmann
Fotos: Melanie Haselhorst, außer
Buchtitelseite: Michael Amme; S. 14 o., S. 16, S. 17, S. 84 o., S. 95, S. 112, S. 131 o., S. 133 u.: Gerhard Hentschel; S. 28: Diana Reimann; S. 65: Fritzi Luise Haselhorst
Lektorat: René Stein
Umschlaggestaltung: Buchholz.Graphiker, Hamburg
Layout: Gabriele Engel
Lithografie: Mohn Media, Gütersloh
Gesamtherstellung: Print Consult, München
Printed in Slovakia 2018

Delius Klasing Verlag, Siekerwall 21, D - 33602 Bielefeld
Tel.: 0521/559-0, Fax: 0521/559-115
E-Mail: info@delius-klasing.de
www.delius-klasing.de

klimaneutral
powered by ClimatePartner®
Druckprodukt | ID 12515-1804-1002